小川仁志の
〈哲学思考〉実験室

小川仁志

はじめに——哲学の最大の魅力は？

「哲学の最大の魅力は何ですか？」と問われたら、私は即こう答えます。「それは自由にものが考えられることです」と。自由にものが考えられるって、素晴らしいことだと思いませんか？　ルールはもちろんのこと、予算の縛りや人間関係もあって、制約だらけのこの世の中で、なんと何の制約もないなんて！

毎日生きていると、いろいろな問題にぶつかります。そういう問題を解決するには柔軟な思考が必要です。あるいは、成熟社会では、常に新しいアイデアが求められます。そうした思考のためにも、もっと自由に考える訓練をしておかなければならないのに、それができない環境にあるのです。

職場でも学校でも、ちょっと面白いことをいうと、「非現実的だ」と批判されたり、挙句の果ては「ふざけるな」と叱られてしまったり。そもそも会議室で話し合う時点で、多くの制約が前提になってしまっているのです。そんなところで自由な思考ができるわけありません。

ですから、もっと別の場所で存分に、かつ自由に考えて、いや、考え抜いて、それを会議室にもっていけばいいのです。そのために提案したいのが、「〈哲学思考〉実験室」です。会議室ではなくて、実験室。ここがポイントです。会議室とは違って、実験室では何をやっても許されますから。しかも、哲学思考の実験室ですから、特別な場所や器具は不要です。頭さえあればいいのです。いわば自分の頭の中が実験室なのです。

本書では、そんなふうに自分の頭の中で実験的に哲学思考をすることで、自由にものを考え、様々な問いに対して自分なりに答えるということのデモンストレーションをしています。科学の実験でいうと、科学者が実験のお手本を見せるようなイメージです。フラスコに薬を入れて煙を出したり、稲妻を目の前で再現したりといった感じで。

哲学の場合、科学者ではなくて哲学者である私が、哲学のお手本を見せるということになります。だから小川仁志の〈哲学思考〉実験室なのです。材料は身の回りの変な絵や変な言葉です。そういうものが考えるきっかけになるわけです。

本書でも、実際に私が目にした変な絵、気になった言葉などを取り上げています。みなさんも各項目を読む前に、いったいこの絵や言葉の本質はなんだろうと、まず自分で考えてもらうとよりいいかもしれません。その考える際のヒントになるように、それぞれの絵や言葉がどんなテーマに関するものなのか表題の下にハイフンで示していますので、参考にしていただければと思います。

そして哲学ですから、普通の思考と違って、徹底的に深く考え、本質的なところまで到達するようにしてください。その物事の本当の意味がつかめるまで。そこがポイントです。哲学とは世界の有意味化、つまり世界の物事を自分なりに意味づけていく営みにほかなりません。

ぜひこの本を読んで、自分の〈哲学思考〉実験室をつくることをお勧めします。みなさん自身の頭の中に！　やり方は簡単です。気になる絵や気になる言葉を見つけるごとに、実験をすればいいのです。そうして実験結果をうまく生かすことができれば、きっと人生がもっと面白くなるはずです。世界だって変えられるかもしれません。

それでは実験を開始しましょう。

◇もくじ

はじめに　2

1　自分の後ろ姿が映っている鏡――自分　12

2　僕と死体は同一人物なのだろうか？――生死　16

3　騙し絵――二面性　20

4　僕を見る僕の目はどこにあるのか？――認識　24

5　何が起こったかすぐわかる物――製品　28

6　黒より黒い黒――色　32

7　模様を一か所に集めた動物――模様　36

8「人はただ記憶によって個人たりうる」――個人　40

9　太極図――陰陽　44

10　命とは時間である――時間　48

11 客観的に引いて見ると自分が大変な状況にある絵——世界 52
12 「夢だけど、夢じゃない」——夢 56
13 小便小僧——道徳 60
14 「いただきま…せん」——躊躇 64
15 標識のわかりやすさの大切さを訴える絵——標識 68
16 「いたずらをいたずらでやり返すほど痛快ないたずらはない」——仕返し 72
17 身体の分離——身体 76
18 神も死んだ——自分 80
19 アテナイの学堂——哲学者 84
20 「我々はどこから来たのか　我々は何者か　我々はどこへ行くのか」——人間 88

21 残された時間――歴史 92
22 フランス革命が革命――大事件 96
23 意外な姿――思い込み 100
24 一人でいるときに普通である必要はあるのか？――正常 104
25 口の形で気持ちがわかる絵――感情 108
26 人間の肉を食べられますか？――カニバリズム 112
27 飛び出る文字――文字 116
28 「生き方」なんてない――幸福 120
29 複雑な概念図――概念 124
30 健康は命より大事だ――健康 128

31 デフォルメされた似顔絵——顔 132
32 人間は考える「足」である——足 136
33 触るなと書かれた触るべき物——触れる 140
34 結婚はハカバかハダカかバカか——結婚 144
35 ハイになっていることがわかる絵——ハイ 148
36 「百万一心」(毛利元就)——スローガン 152
37 シンボルマーク——シンボル 156
38 「人間だもの」というAI——AI 160
39 年と共に行動や嗜好の変化する様子がわかる絵——年齢 164
40 他者とは私である——倫理 168

41 手の動きを表すことで意味を伝える絵——ジェスチャー 172
42 どこにもない場所——場所 176
43 人間と動物の同床異夢がわかる絵——ペット 180
44 赤信号、みんなが渡らないから渡らない——日本 184
45 コンセントに表情があるかのように見える絵——物 188
46 この白豚め——服従 192
47 自分に見えていないだけで恥ずかしい絵——恥 196
48 数学と哲学は顔の似てない双子のようなもの——数学 200
49 形で表された文章——テクスト 204
50 月月火水木金金——曜日 208

おわりに 212

イラスト／角田祐吾（株式会社明昌堂）
装　丁／上村知美（株式会社明昌堂）

1

自分の後ろ姿が映っている鏡

——自分

この男は鏡に向かって立っている。でも、なぜか鏡には自分の後ろ姿が映っているのだ。さて、この絵の意味をどう考えるか？　とても哲学的な絵だ。もしかしたらこの男は、人からどう見られているのかすごく気にしているのかもしれない。だから見えないはずの自分の後ろ姿が映ってしまうのだ。

あるいは、この男は前向きに生きることを忘れてしまったのかもしれない。もうこの男には後ろ姿しかないのだ。現実に背を向けて、ただ逃げようとしている。しかしまだ救いはある。少なくともこの男は、鏡に映る自分の姿を見ようとしたのだ。そして、おそらくハッとしたことだろう。俺はいったいどうしてしまったんだと。

彼がこの後どうするかはわからない。でも、鏡を見るというのはいい傾向だ。出かける前、人は鏡を見る。この男はまだ社会との接点をもとうとしているようだ。僕が気になるのは、この男が振り返ったとき、いったいどんな姿が鏡に映っているかだ。もちろんこの男はその姿を見ることはできない。この男にできるのは、毎日鏡に向かい続けることだけ。自分の顔が見えるまで……。

さて、僕らは今見えないものを見ようとしている。この変な絵を使って。これこそ哲学の醍醐味だ。哲学というのは、ある意味で、見えないものを見ようとする努力であるともいえる。

世の中にあるもの、僕らの目に映るものは、物事の一部にすぎない。それは裏側に回ってみれば見えるというものでもないし、分解してみたら見えるというものでもないのだ。どちらかというと、哲学は、未来の予測をしたり、人の心を推し量ったりするのに似ている。つまり、その場にないものを頭の中で、心の目で見ようとする営みだからだ。

では、推測とはどこが違うのか？　それは問いを繰り返し、確信にまで至っているところだろう。鏡の中の男はなぜ後ろ向きなのか？　そう問われたとき、これがクイズならこう答えればよい。「実はそれは鏡ではなくて、後ろ姿の絵だった」あるいは「前も後ろ姿に見えるように変装をしていた」などというふうに。

これが推測だ。もちろん、いや、違うかもと何度か推測を繰り返すことはあるだろう。しかし、それでもまだダメだ。哲学であるためには、問いの質が問われる。問いの答えではなく、問いの対象の本質を探るのが哲学なので、そのためにはただ漠然と問いを繰り返していてもそこには至らないのだ。

そうではなくて、あらゆる角度からの問いが求められる。ときにその問いは、掘り下げる形で連続する。だからこんなふうに問わなくてはならない。「なぜ後ろ向きなのか？」「後ろ姿の意味とは？」「後ろ向きになるとき、人はどのような精神状態にあるのか？」「この男はいったい何を考えているのか？」「この男にいったい何があったのか？」「この男はこれからいったいどうなるのか？」「そもそも鏡とは何か？」「なぜ人は鏡を見るのか？」「見るとはどういうことか？」「いや、この男はそもそも見ているのか見られているのか？」といった感じで。

そう考えると、哲学するというのは大変な作業だ。素直に目に映るものをそのまま受け入れていてはいけないのだから。自分の姿さえ例外ではない。鏡に映る自分の姿は本当に自分なのか。それさえをも疑い、問いを投げかける必要があるのだ。

その意味では、鏡に映った自分の姿は、本当はいつも後ろ向きなのかもしれない。毎朝鏡に向かったとき、自分が勝手に前だと思い込んでいるだけで。そんなはずはない、ちゃんと目や鼻がついているのが見えるって？　じゃあ、見えてないものは何がある？　さあ、よく考えてみて。え、困った？　ようやく気づいただろうか。そう、鏡に後ろ姿が映ったこの男は、僕ら自身なのだ……。

2

僕と死体は同一人物なのだろうか？——生死

僕と死体が同一人物なのかどうかと問われると、答えに窮してしまう。そもそもこんな質問になんの意味があるのかと突っ込んでいる人もいるだろう。それについては後で話すとして、まずちょっと考えてみてもらいたい。

僕がこの質問にすぐ答えられないのは、生きている自分しか知らないからだ。死んだらどうなるのかわからないのだ。他者の例を見る限り、それはもう生きていたときの「その人」ではなくて、あくまで死んだ身体にすぎないように思われる。いくら死者に敬意を払っても、その人はもう生きていたときのように話したり、笑ったり、怒ったりすることはない。呼吸することもないし、微動だにしない。

死んでしまった自分が、もとの生きていたときの自分と同じ人物とは思えないのは、きっとこうした理由からではないだろうか。あくまで僕は、こうしてものを考え、言葉を発している存在であって、考えることをやめ、動かなくなった僕はもう僕ではない。「我思う、ゆえに我あり」といったデカルトにいわせれば、そんな僕はもう僕ではないはずだ。

「人間は考える葦である」といったパスカルにいわせれば、考えない存在はもう人間ではないのだ。いわばゾンビだ。その意味では、人は生を受けた瞬間から人になるのであって、その前からではないといえる。そして生がなくなれば、その人ではなくなるのだ。もっとも、すべての場面で人間でなくなってしまうのかどうかについてはもう少し考察を要する。

なぜなら、近親者は、あたかもまだその人が存在しているかのように振る舞い、ときに話しかけることさえあるから。考えてみれば、死者も「者」とつくように、まだ人であるともいえそうだ。たとえ呼吸はしていなくとも、生身の身体をもった存在であることは間違いない。それが完全に消滅してしまわない限り、人間であり続ける。遺体に敬意を払う必要があるのはそのためだ。いや、身体が焼かれてしまって骨だけになっても、人は誰かの心の中で生き続ける。

肉体などというものは、生きている際、私たちが生活を営むうえで便宜上使っている姿にすぎないのかもしれない。だから死んでしまったら、もはや死体と僕とは同一人物ではないということになるのだ。僕は生きていたころの身体に別れを告げ、違う形で生き続ける。おそらく……。

こればっかりは、自分が体験してみない限りわからない。仮に違う肉体に魂が宿ったとしても、過去のことは覚えていないのだろう。現に僕は前の人生を何も覚えていない。自分が何度か死んだことも。

いや、時々変な夢を見たり、妄想をすることはある。自分が戦国時代に生きていたり、外国の誰かだったり。とにかく違う誰かなのだ。普通はそんな夢を見たり妄想をしたりすると、きっと最近読んだ本とか映画とかの影響だと思い込む。でも、それもまた本当のところはわからない。遠い昔の魂の記憶が断片的に残っているのかもしれないからだ。

いずれにしても、肉体と別れるとき、記憶がいったんリセットされるようだ。本当かって？そんなことは誰も証明できないと思う。証明ができない以上、そんなことはどうでもいいのだろう。きっと。たしかなことは一つだけだ。それは「今のこの僕」という存在がかけがえのない存在だということ。一度死んでしまったら、もう二度と同じ僕は存在しないのだから。自分と死体が同一人物なのかどうか考える意味があるとすれば、そのことに気づくことができるという点だ。

この気づきは意外と大きい。人の死に接するたび、自分もいつかあんなふうになるのかと考えさせられる。自分の死体を頭の中で思い描き、その最も受け入れがたい現実を受け入れようと必死にもがくのだ。死とは何か？　人間とは何か？　生きるとは？　哲学が不可避的に僕に襲いかかってくる。

でも、それでいいのだ。ソクラテスがいったように、哲学は死の練習、つまり人は死を受け入れられるようになるためにこそ哲学するというわけ。自分の死体から目を背けてはいけない。鏡に向かってこういってみたらどうだろう。「お前はもう死んでいる」ってね。哲学は、だからやめられない。

3

騙し絵——二面性

これは何の絵か？　ゾウの横顔？　それとも、今にも獲物をくわえそうな魚？　どっちともとれるだろう。いわゆる騙し絵だ。しかし、いったい誰を騙しているというのか？　いろんな騙し絵があるが、どれも非常に愉快で面白い。有名なのは、老婆にも見えるし、貴婦人にも見える絵だろう。まさか貴婦人だと思ったのに、老婆だったから騙されたという話ではなかろう。

僕らが騙し絵と呼んでいるものは、ただ二面性がある絵にすぎない。とするならば、別に騙されたというのではなく、人々は二面性のうちのいずれかを見ているにすぎないのだ。たとえば、この絵もパッと見てゾウだと思うとする。しかし、それがふと魚にも見えることに気づく。すると、あたかも騙されたような気になるのだ。

この場合、自分が勝手にゾウだと思っただけで、最初から魚が見えていれば騙されたことにはならないはずだ。逆も同じで、最初魚だと思った人は、後からゾウに気づいて騙された気になるかもしれないが、最初からゾウに見えていれば違ったはずだ。

つまり、最初から両方とも見えていれば、騙されたと思うことはないだろう。これは絵に限った話ではない。世の中の物事にはなんでも二面性がある。いいと思ったものだって悪い側面があったり、きれいだと思っていたら汚い側面があったりと。人間だってそうだ。いい性格と悪い性格が同居している。

その人のどっちを見るかで評価は変わる。いい人だと思っていたのに、あるときふと悪い面に気づく。そんなとき人は、騙されたというのだ。あたかもゾウだと思ったら魚であったことに気づいたときのように。だけど、それはどっちも正しいし、騙されたのはあなたが悪いのだ。僕らは常に、物事には二面性があることを知っておかなければならない。

ただ、二面性があると決めてかかったとしても、必ずしも両方見えるわけではない。どうすれば両方とも見えるのだろうか？　これは簡単だ。一気に二つとも見ようと思っても無理があるので、そこで、まずはどっちか一つに決めていい。どっちかは見えるだろうから。そうして、その反対を探せばいいのだ。その際、見えているパーツを自分に見えたものとは正反対のものととらえて考えてみる。たとえば、この絵の場合、鼻に見えたなら、正反対のしっぽとして見るとか。

基本的に正反対だからこそ見えないので、正反対を探せばいいということになる。これは言葉についても当てはまる。誰かが何かをいう。普通はその言葉を一義的に受け止める。「大嫌い」といわれれば、ああ自分は嫌われているのだなと受け止めてしまうだろう。そして落ち込む。でも、本当にそうかどうかはわからない。

言葉にも二面性があるとしたら、「大嫌い」にも別の意味があるかもしれない。先ほどの要領で正反対を探すのだ。すると当然「大好き」という意味になる。たしかにこれはありうる。大好きなのに、あえて大嫌いということがある。自分の気持ちに気づいてくれないとき、思わずこんなふうにいってしまう。本当に嫌いならこんなことはいわない。

物事には常に二面性がつきまとう。自分が意識するしないにかかわらず。世の中はそうやってできている。その中で人間もそうやって生きている。だから厳密にいうと、二重人格な人など存在しない。誰もが二重人格なのだ。ゾウの顔も魚の顔ももっているということだ。どっちに見えているかは、相手次第。つまり見る人次第ということになる。それは自分ではコントロールできない。

ゾウと見るか魚と見るかで、相手が自分のことをどう思っているかがわかる。両方見抜いている人がいれば、ちょっと警戒が必要だ。その人にはすべてお見通しなのだから。自分の気づいていない部分でさえ。哲学者は職業柄そういう人になりがちだ。哲学者にご用心⁉

4

僕を見る僕の目はどこにあるのか？——認識

僕は物を見る。そしてそれを認識する。僕だけじゃない。おそらくみんなそうやって物事を認識しているのだろう。目の前に何か見える。透明で、円柱の物体。ああ、コップかというふうに。どうしてこんなことが可能になるのかというと、それは人間の中に物事を認識するための仕組みがそなわっているからだ。

ドイツの哲学者イマヌエル・カントはここで空間と時間という概念をもち出す。感性が対象をとらえる際、空間と時間という枠組みを使うのだ。物差しを使うといったほうがわかりやすいかもしれない。そうじゃないといつどこで存在するものなのか決まらないから。

ここからが難題だ。何かが存在することがわかったら、今度はそれがいったい何なのか具体的に理解する必要がある。その際用いられる基準表のようなものがあって、それはカテゴリーと呼ばれる。分類のことだ。目の前の存在がいったい何なのか分類するわけだ。

透明で円柱、手でつかめるサイズ。入れ物状になっている。「はい、それならコップ」、となる。大事なのは、コップが透明で、円柱で、手でつかめるサイズで、入れ物状になっていることがわかるという前提がある点だ。それがわからないと、何もヒントがないことになってしまう。ということは、人間がとらえることのできない色や形、素材、そうしたものでできている物体は、人間には認識できないということになる。

たとえば、神とかお化けとか。これが人間の認識の限界なのだ。つまり、人間のもつ基準に当てはまらないものは認識できないということになる。最初これを知ったとき、ショックだった。なんでも知ることができると思っていたのに、ものを理解する自分の頭の仕組みに限界があったなんて。これは勉強すればなんとかなるという話ではない。それならまだ救われる。努力すればいいのだから。そういう話ではないのだ。

どちらかというと、翼がないから空を飛べないとか、エラがないから水の中には棲めないといわれたのと同じ次元の限界だ。でも、たいていの身の回りのものは理解できるから、不自由はない。自分が日常使うものも、自分の周りの人も、自分自身も含めて……。いや、待てよ。僕自身の目はどうか？　僕の目は普通の目なので、人間がもつ基準に当てはまりそうだが、それとは別の理由で認識できないように思われるからだ。

そもそも人間は自分の目だけは見ることができない。ほかでもないその目で物を見ているためである。ほかのものは目で見てまず認識しようとするのに、僕の目だけはそういうわけにはいかない。ただ一つ可能だとすれば、鏡を見ることだ。鏡には自分の姿が反射されるので、もう一人の自分が自分を見ることになる。そのもう一人の自分の目で。当然僕は自分の目で鏡に映った自分の目を見る。

ただ、これが本当に自分の目なのかどうかは検討を要する。今「もう一人の自分」と表現したように、鏡に映った僕は僕自身ではない。あくまで鏡に映った自分だ。それは僕とはいえないだろう。だって、もしそれが僕なら、鏡の中の僕にナイフを突き刺した人は殺人未遂になってしまう。そんな馬鹿な話はない。

とすると、鏡の中から僕を見つめるあの人は誰なのか？　僕を見るあの僕の目はいったいどこにあるのか？　おそらくどこにもないのだろう。だって、あのもう一人の自分はこの世に存在しないのだから。

でも、僕を見ている。まるで幽霊のように。そのせいだろうか、鏡で自分の顔を見ていると、時々恐怖を感じることがある。いないはずの人が自分を見ている。話しかけさえする。ビデオの中の自分は普通あまり自分を見つめたり、自分に話しかけることはないだろう。そこが鏡との違いだ。

幽霊と対話したい人は鏡の中の自分に話しかけてみるといい。もちろん、もう一人の自分に逢いたい人も鏡を見ればいい。だけど自分自身に逢うには、鏡では足りない。多分心の鏡がいるのだろう。それは目ではなくて心で見る鏡だ。むしろ目は閉じたほうがいいだろう。そして頭の中で考える。自分って誰だと。このとき、僕を見る僕の目が心の中にあるのは間違いない。

5

何が起こったかすぐわかる物——製品

僕らは製品を製品として手に取る。つまり、すでに加工されて完成した物として手に取るということだ。当たり前のことだけど、その製品がその形になるまでには、無数のプロセスがある。伝統工芸品などは、シンプルに見えて、ものすごく手間がかかっているのだ。その工程を見てから手にすると、感慨はひとしおだ。

伝統工芸品でなくても、どんな製品にも歴史がある。年表に出てくる歴史という意味ではなく、その製品の人生みたいなものがある。たとえば毛皮のバッグ。高級品でおしゃれなバッグ。でも、もともとそれは動物だった。

もしかしたら、銃で撃たれて、皮をはがされたのかもしれない。その一部がこうやって加工されて、高級ブティックのショーウインドーに並べられ、やがて自分の手元に来るのだ。このバッグはアフリカのサバンナを自由に駆け回っていたことがあるのだ。それがまさかこんな形になって、日本の誰かの肩にかけられているとは。

ここでは動物愛護の話をしたいわけではない。僕がいいたいのは、製品という物をそうした時間軸でとらえる視点についてだ。製品は購入したときから寿命がはじまるわけではない。新品の状態から中古になる。そしていつかは廃棄される。しかし、その前から人生ははじまっているのだ。製品としての誕生を起点にするなら、前世なのかもしれない。

僕らが使っている物はみんな、そういう時間軸に位置づけることができて、その一時期を共に過ごしていることになるのだ。中古品を考えてみるとよくわかると思う。たとえば車。誰かが新車として乗りはじめる。そして売られて中古車になる。今度は自分が乗る。そしてまた売る。今度は東南アジアで第二の人生、いや第三の人生を送るかもしれない。

だから僕らが何かを使っているとき、それはその製品のある時期の姿を使っていることになるのだ。これをその製品の時間としてとらえることはできないだろうか。フランスの哲学者ベルナール・スティグレールが「技術と時間」という問題提起を行い、技術について時間の概念から再検証する試みをしている。

それに刺激されたのだが、僕の議論はそんな高尚なものではない。ただ、製品が時間の流れの中で形づくられ、人間がそれを時間の中で使用するという関係性を、新たな形でとらえてみたいだけだ。

つまり、製品は人間にとって、時間としてしかとらえられていないのではないかと思うのである。僕らは生きていくために製品を必要とする。でも、それは生きるという時間軸の中での一部にすぎず、個々の製品の意義や、製品であることそのものはあまり重要でないとも考えられる。だから使い捨てる。フランスの哲学者ジャン・ボードリヤールは、大量消費社会の中で、人はもはや製品そのものではなく異なる記号を消費していると指摘したが、僕にいわせれば、むしろ時間を消費しているのだ。

逆に、大切にとっておく製品は、自分がそれと共に過ごしてきた時間の象徴になる。ドイツの哲学者マルティン・ハイデガーは、有限な命をもった人間という存在に時間の観念を見た。『存在と時間』で示された現存在としての人間だ。現存在は、有限な時間を意識し、それを了解したうえで懸命に生きようとする。しかし、人間である僕らは、自分自身のことであるがゆえに、なかなかその事実に気づかない。でも、製品ならどうか？　製品が時間だとしたら、時間はもっと可視化されるのではないだろうか。

存在論とか存在の意味とか、そんな大げさな話ではなくて、存在物が単に時間の中でしか存在し得ないことに、僕らはもっと敏感になる必要があるように思う。時計だけが時間を宿しているのではない。毛皮のバッグも、車も、パソコンも全部時間を宿しているのだ。

6

黒より黒い黒——色

黒はもちろん色の名前だ。墨汁、カラス、裁判官の法服、碁石、夜……。あの黒だ。子どもの頃、美術の先生にいわれたのを覚えている。絵の具の黒をほかの色と混ぜちゃいけないと。たしかに、黒を混ぜるとみんな黒になってしまう。黒はそれほど強い力をもっているのだ。

さっき例に挙げた裁判官が着ている法服。あれが黒なのは、何ものにも染まらないという意味があるそうだ。さすが裁判官。いや、でもそんなこと本当に可能なのだろうか？　黒といっても実際には色が混ざっているはずだ。試しにやってみるといい。黒とほかの絵の具を混ぜると、一見黒になるが、でもちゃんとそこにはほかの色も入っている。肉眼ではよくわからないだけだ。

裁判官だって人間なのだから、完全に何ものにも染まらないなんてあり得ない。人間が真の中立な立場になることは不可能だろう。感情があるのだから。もしそんなことができたら、その人は人間ではない。機械だ。それに被告人に対して、「あなたの行為は卑劣だ」といって判断を下した時点で、もうすでに被害者の側の主張や法の価値観に染まっているのではないだろうか。

法は中立だと思っている人が多いと思うが、そんなことはない。法というのは、人間によってつくられるものだ。だから当然、その時代を生きる人たちの価値観が反映される。現に、時代が変われば法も変わる。かつては犯罪だったことが、犯罪ではなくなるのだ。日本の場合だと、法は多数者によって選ばれた立法者が制定するのだから、多数者の価値観ということになる。つまり、法自体すでに中立ではないのだ。いくら裁判官が黒い法服を着たとしても。まぁ、染まりやすい色よりはましだけど……。

たしかに白黒つけるという表現があるように、黒は一つの極致であり、別の色とは異なるとみなされている。そうでないとそもそも囲碁やオセロは成り立たない。薄いグレーと濃いグレーだとどっちが勝ってるかわかりにくいし、間違いやすい。白黒映画などはそのコントラストではじめて認識できるようになっている。

したがって、黒に濃淡が求められるとすれば、それは物事をはっきりさせる必要がないときではないだろうか。たとえば、墨絵。墨絵は逆に墨の濃淡がカギを握る。墨絵が禅の影響を強く受けていることに鑑みると、どうも白黒の違いを乗り越えようとする営みに思えてならない。

墨絵の中では黒が様々な表情を見せる。黒い黒、薄い黒、灰色、白に近い灰色等々。そこでふと思ったのだが、はたして黒より黒い黒はありうるのだろうか？　先ほど黒は極致だといったが、その黒より黒い黒は存在するのかどうか。

そもそも黒に限らず、色というものはどうやって決定されるのだろう。かつてカントは、コペルニクス的転回という概念を提起した。カント以前、認識は対象に従うと考えられていたのに対し、逆に対象こそが認識に従っているのだと説いたのだ。

たしかに、目の前にあるリンゴが赤いのは、人間にとってそう見えるだけであって、ほかの生き物にとっては違う色に見えている可能性はある。とすると、リンゴという対象が赤いのではなく、人間の認識がそう見えさせているにすぎない。だから対象が認識に従っていることになるというわけだ。

そうすると、同様に黒も人間の認識次第で変わってくることになる。碁石が黒いのも、法服が黒いのも人間にそう見えているからにすぎない。これは人間の認識能力、とりわけ視覚に依拠しているのであって、人によっては同じ黒でも濃い黒に見えていることもあるだろうし、薄い黒に見えていることもあるだろう。それでも私たちは、「あの碁石は黒い」と同じ表現をする。

つまり、黒より黒い黒は常に存在しうるのだ。実はこれは色だけの話ではない。有罪を意味する黒について、有罪と断定できないとき、「限りなく黒に近いグレー」などということがある。これも認識次第だ。家族を殺された遺族にとっては、有罪の黒は黒以上の黒ということになるのではないだろうか。

色のたとえには、常にこの問題がつきまとう。だから忘れてはいけないのは、私たちは対象の話をしているのではなく、認識、つまり自分の話をしているということだ。色は客観的に存在するわけではないのだから。

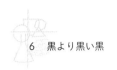

7

模様を一か所に集めた動物——模様

模様はなんのためにあるのか？　動物の場合、外敵から身を守るとか、オスやメスの気を引くとか、餌をおびき寄せるなどという役割もある。物の場合は、デザインとして価値を高める。入れ墨などは、呪術的役割があったりもする。

だから模様には意味があるのだ。適当についているわけではない。チーターにも模様がある。黒いブチ模様が、体中に散らばっている。これも野生動物としての迷彩の一つなのだろう。ヒョウやジャガーも同じような模様がついている。彼らはみんな、小動物に気づかれないように、あの模様を利用して、自然の中に潜んでいるのだ。

ちなみに、ヒョウとジャガーとチーターでは、それぞれ柄が微妙に異なる。ヒョウはいわゆるヒョウ柄のあの花のような輪っかのブチ、ジャガーも同じだが、輪の真ん中に小さな斑点がある。チーターはただの黒のブチだ。

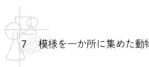

だから絵を描くときも適当に黒いブチを描くだけだと、区別ができない。もちろんそのほかの特徴もあるのだが。僕がいいたいのは、模様は正確に表現しないと意味がないということだ。位置も色も。パンダが白黒だからといって、黒い部分を全部下半身にもってきたら、もうパンダではなくなるように。

家紋もそうだ。戦国大名にとって家紋はとても重要なものだ。特に、戦場の武士たちにとっては、模様を間違うと命取りになってしまう。何しろ旗の家紋で敵味方を区別していたのだから。一本線が多いとか、点が一つないとかいうのは、大違いなわけだ。

模様でブランドを表しているものもある。LとVが重なったデザインが模様になっていれば、誰でもルイ・ヴィトンだと思うだろう。僕もある服を着ていたときに、それが某ブランドの代名詞のような模様であったために、高級品と勘違いされて困ったことがある。僕のせいじゃないし、別に騙そうと思ったわけでもないのだが。

逆にいうと、ある種の模様は象徴的なものになっており、それを用いることでメッセージ性が生じる。その点で、いわゆるヒョウ柄は強さを象徴しているといえるだろう。ヒョウ柄をまとっている人を見ると、ワイルドさを感じる。

そして、ある一定の模様がついたものを頻繁に身に着けていると、それがその人の個性になってしまったりする。服もそうだし、バッグもそうだ。部屋もそうかもしれない。どんな部屋に住んでいるかで、かなり個性がわかる。

ただ、人はよく模様替えを行う。部屋でいうと家具の配置を変えたり、カーテンを変えたりすることだ。壁紙を変えて、文字通り模様を変える人もいる。模様が個性を表すなら、模様替えは個性を変えたいときに行うのだろう。

だけど、変えられない模様もある。動物の模様は変えられない。チーターがいくら自分のブチを一か所に集めようとしても、それは無理な話だ。人間の場合、大枠は変えられないが、髪型やひげで模様を変えたり、タトゥーで模様を変えることは可能だ。ただし、タトゥーは一度入れると基本的には変えられない。だからよほどの覚悟がいるはずだ。あまり考えずにやって後悔する人も多いのだが。

では、心の模様はどうだろう？　心に模様があるのかって？　それはわからないけど、模様が個性なら、性格には個性があるので、きっと模様があるはずだ。ヒョウ柄だけじゃなくて、派手な模様やシックな模様など。幸いこれは変えられるように思われる。だって、性格は変えられるはずだから。自分の性格が嫌なら模様替えをすればいいのだ。それができることに感謝しないといけない。チーターはいくら模様を変えたくてもできないのだから。

8

「人はただ記憶によって個人たりうる」――個人

「人はただ記憶によって個人たりうる」

これは人気アニメ映画「GHOST IN THE SHELL／攻殻《こうかく》機動隊」（1995年）の中に出てくるセリフだ。脳だけ移植したサイボーグが活躍する時代背景になっている。もちろん主人公も。たしかに、脳だけ機械の身体に移植されたら、自分がもとの自分なのかどうか疑わしくなってしまう。いや、脳が自分のものなら、まだかろうじて自分だといえるかもしれない。

では、この場合はどうだろう。たとえば脳さえ移植することなく、僕の中にある全情報をコンピューターのメモリーに入れて、機械の身体に挿入したらどうなるか。

スイッチが入って、目を開けると、おそらく機械に入った僕はしばらく寝ていただけのような感覚にとらわれるだろう。ところが、実際にはまったくのロボットに変わってしまっている。ＡＩ（人工知能）を搭載したロボットのようなものだ。いや、それ以下のただのロボットだ。もともとの頭がＡＩほどよくないのだから。

僕は知人や周囲の人に、自分は人間だと必死に主張するだろう。ところが、聞き入れてもらえない。そりゃそうだ。まったく生身の部分はなく、メモリーの中にかつて人間だったころの情報が入っているというだけなのだから。それはもう、ちょっと性能のいいパソコンとなんら変わらない。

でも、たしかにそれは自分なのだ。れっきとした個人なのだ。これをどう証明すればいいのか？　さて、そこでさっきのセリフだ。

「人はただ記憶によって個人たりうる」

僕が僕であったことを証明できるのは、記憶のみなのだ。僕がそれを覚えているという事実、仮にそれがコンピューターのメモリーの中にあるだけのものであったとしても、その事実が僕を僕たらしめる。逆にいうと、それ以外は何も証明するものがないのだ。

ということは、他人にはわからないということだ。厳密にいうと、僕の記憶は僕にしかわからない。だから僕が僕の記憶を喪失すると、僕は僕でなくなるし、僕の記憶が混乱すると、僕という存在自体が混乱したものになってしまう。想像してみてほしい。もし僕が昨日は日本人だといっていたのに、今日は突然中国人だといいだした状態を。しかも本気で。

これはまだ戸籍を調べたり、家族に確かめたりということが可能かもしれない。それなら、昨日は愛しているといっていたのに、今日は愛していないといいだしたらどうだろう？　これはもう本人しかわからないので、相手にはどっちが本当なのか区別がつかないはずだ。もちろんこの場合、僕自身どっちも本気でいっているわけだが。


僕らは機械が話し出すと、なんだか薄気味悪いと感じてしまう。そしてまるで魂がロボットの鎧をまとっているようにとらえてしまう。でも、僕らも同じなのだ。魂という名の記憶が、肉体という鎧をかぶっているのが人間なのだ。そして個々人の違いは、記憶の違いということになる。

とすると、仮にまったく同じ記憶をもった人間がいたとしたら、それは個人といえるのだろうか？　それとも「個人たち」と表現すべきなのだろうか？　馬鹿げている？　はたしてそうだろうか。クローン人間とか、先ほどの情報を入れたメモリーの複製などで、技術的には十分それが起こりうる状況にある。

とかく個人主義が非難されるが、この場合個人主義はどうなるのだろうか。個人、つまり自分一人のことしか考えない態度は非難される。特に日本ではそうだ。だけど「個人たち」

の個人主義は、もはや「個人たち主義」であって、それは集団主義とか共同体主義と変わらなくなる。

二つの個体になった時点で、別の個人になる？　いや、情報が常に同期化する仕組みになっていたらどうだろう。コンピューターの世界ではもうそうなっている。複数の端末を使っていても、作業状態が同期化されて、常に同じ環境を保てるようになっているのだ。そうなったら、おそらくもうお手上げだろう。個人はこの世からいなくなる。無数の個人たちが存在することになるだろう。そのうち個人主義が懐かしくなる時代が来るのかもしれない。

9

太極図——陰陽

陰陽とは、森羅万象、宇宙のありとあらゆる事物をさまざまな観点から陰と陽の二つのカテゴリーに分類する思想のことだ。中国には古くから陰陽思想というのがあって、互いに対立する属性をもった二つの気、陰と陽が、万物の生成消滅のような変化をもたらすと考えている。

ここで勘違いしてはいけないのは、陽が善で、陰が悪では決してないということだ。この豚の絵を見てもわかるように、どっちもないと豚は存在しない。いや、豚だけじゃない。あらゆるものはそうしてできているのだ。その意味で、陰陽は物事の二つの側面といったほうがいいだろう。

大事なのは、二種類あるということと、それらが補い合う関係にあるということだ。それが視覚的によくわかるのが、太極図だろう。勾玉が上下さかさまにくっついて一つの円を形成している図だ。あの図では、陰を表す黒い部分と、陽を表す白い部分が互いに補い合うことで一つの円となっている。さらに面白いのは、勾玉のような形であることによって、陰が極まって陽に転じ、逆に陽が極まって陰に転じるような運動が生じることである。たしかにぐるぐる回っているように見える。

こうして陰陽は永遠の運動になるのだ。決して混ざり合うわけではなく、どちらかが大きくなるわけでもない。バランスを崩すことなく、永遠にぐるぐると回り続ける。言い方を換えると、常に両方が同時存在するわけだ。あらゆるものがこの陰陽を蔵している。もちろん人間の性格にも。

人間の性格の場合、陰気なんだとか陽気なんだとかといった言い方をすることがある。これもどっちが出ているかの違いであって、どちらか一方がその人を永久に特徴づけるラベルになるのではない。誰だって陰気なときも陽気なときもあるのだ。逆にいうと、陽気になりたければいつでもなれるのだ。それに誰かを陽気にすることさえ可能だ。

では、いつも陽気であるべきなのだろうか？　僕はそうは思わない。陽気はいいように思うが、ずっとそうだと自分も周囲の人も疲れてしまうだろう。いくらお昼が好きでも、一向に夜にならなければ、おかしな気分になる。夜があるから昼が楽しめるのだ。昼と夜のあの循環が、毎日を楽しいものにしてくれているに違いない。

僕はむしろ陰気なのが好きだ。夜の静寂、図書館の静謐、けだるい午後……。いずれも僕の心を落ち着かせてくれる。こんなことをいうと、暗い人間に思われてしまうかもしれないが、僕を知っている人は、意外に思うはずだ。なぜなら、外向きの僕は陽気を倍にしてさらにそれを二乗したような性格だからだ。

なのに本当は、裏では、というか一人のときは陰気を楽しんでいる。人はそうやってバランスを保っているのだ。同様に、普段人前で陰気な人は、一人のときはめちゃくちゃテンションが高い可能性がある。これは誰にもわからないが、きっとそうなのだろうと思う。

躁鬱病なんていうが、少なくとも本人はそんなに深刻に考え込まないほうがいい。誰もが躁鬱の両方の状態をもっていて、ときにどっちかが表に出ているだけにすぎない。同じ人でも一日のうちに、躁鬱を繰り返してさえいるのだ。ただ、躁も鬱もどちらも激しくない場合、あまり変化が見えないだけだ。でも、ちゃんと両方の状態を繰り返している。外目には気分が一定しているように見えるだろうけど。

このことがわかると、いいことが一つある。それは、悩まなくて済むということだ。日々落ち込んで悩むことがあると思う。でも、それはすぐに回復するのだ。人間はそうできている。だから何も悩まなくていい。といっても悩むだろうけど、別に深く悩む必要はない。太極図を思い浮かべて、そのうち陰が陽に転換するのを待てばいいのだ。気分なんてそんなもんだ。

10

命とは時間である——時間

命とは時間だといわれても、時間とは何かを明らかにしない限りピンとこないだろう。時間とは何かと問われたら、あなたはどう答えるだろうか？　時計？　時計は読んで字のごとし、時間を計るものであって、時間そのものではない。長さ？　いったい何の長さだろうか？　こんなふうに、時間とは何かという問いは、哲学の中でもかなり難しい類のものに属する。それゆえに古くから議論されてきたのだが、大きく分けると二つの時間のとらえ方があるように思われる。

一つ目は、古代ギリシアの哲学者アリストテレスが定義したように、時間を流れる運動とみなすタイプのものである。もう一つは、中世の哲学者アウグスティヌスが定義したように、時間を人の心の中にあるものとしてとらえるタイプのものである。

　最初のタイプの時間を運動とみなす考え方は、僕らの日常の感覚としてもすんなりと受け止めることができるだろう。時間がたつのが早いとか遅いとかいうとき、僕らは時間を運動としてとらえているはずだからだ。そもそも時間を計るツールである時計は、針を動かすことで動くものとしての時間を可視化した装置だ。

　これに対して、二つ目のタイプの時間の観念は、少々やっかいだ。アウグスティヌスの場合、人間の心が今を起点に過去、現在、未来という三方向に延びていくイメージを思い描いている。つまり、僕らには実は今という時間しかないのだけれども、すぎ去ったものを記憶し、この瞬間を感じ、これから起こることを期待することで、各々過去、現在、未来という時間が生じるというのだ。

　したがって、この心の中にある時間は時計の時間とは違って、きっちり目盛りがあるわけでも、常に一定の速度で前に進んでいくわけでもない。このタイプの時間観念については、その後も様々なバージョンが提起された。たとえば、フランスの哲学者アンリ・ベルクソンの純粋持続もその一つだ。

　純粋持続というのは、簡単にいうと意識の流れのことだ。僕らの心の中に溶け込んだ時間といってもいいだろう。こうなるともう時間はその人の感覚次第だということになる。同じ時間を過ごしても、人によって長く感じたり、短く感じたりすることがあるが、まさにそのいずれもが正しいということになるのだ。

こうした時間の感覚は、その人の人生に大きく関係してくる。なぜなら、その人の感じた時間の長さの合計が、その人の生きている期間でもあるからだ。ここでようやく最初の命題に戻れる。命とは時間である。たしかに、生きた感覚の合計が時間なのなら、この命題は成り立つだろう。

そこで、この視点からもう一歩突っ込んでみたい。それはハイデガーの時間の観念だ。ハイデガーもまた、命と時間を結び付けようとした。いや、正確にいうと、存在と時間を結び付けようとしたのだ。ここでいう存在は、存在する人や物ではなく、存在そのものを意味する。ハイデガーは、「存在とは何か？」、言い換えると「あるもの」ではなくて、「ある」とはどういうことかを問うたのだ。

その結果、彼は存在とは時間にほかならないことを発見した。とりわけそれが明らかになるのは、僕ら人間が死ぬという事実を直視したときだ。つまり、人間の有限性こそが時間というものの本質を暴き出す。物事が存在するのは、時間があるおかげなのだ。時間がなければ何も存在しない。人間もそうだ。生まれてから死ぬまでの時間があるから、人間は存在している。そう考えると、ハイデガーの時間論は、命とは時間であるという命題そのものだといえるのではないだろうか。

「時は金なり」という諺がある。これをもじって、即席めんの父安藤百福は「時は命なり」といったそうだ。僕は逆にこういいたい。「命は時なり」と。さて、今あなたの命は何時だろう？

11

客観的に引いて見ると自分が大変な状況にある絵——世界

僕らは世界に生きている。でも、そんな自分の姿は見えない。もし自分が映画の主人公で、それを自分自身が見ていたら、どんなに面白いだろうか。いや、恐ろしくなるかもしれない。「ああ、そっちに行っちゃダメだ！」と、思わず叫んでしまうことだろう。映画ではそれがわかるから、観客である僕らは叫んでしまうこともある。でも、主人公は気づかないのだ。人生ではこれと同じことが起こっている。

きっとどこかに神様がいて、僕らの人生をスクリーンで見ているはずだ。そして「おい、そっちに行っちゃダメだ」と叫んでいるかもしれない。ところで、世界は本当にこんな映画のようなものなのだろうか？

僕らが自分の人生を客観的に見ることができないのは、実は世界を把握していないからでもある。だって、世界が映画のようなものであることが判明すれば、もしかしたらその映画を見ることができるかもしれないからだ。

ドイツの気鋭の哲学者マルクス・ガブリエルは、世界など存在しないといっている。面白いのは、ほかのすべてのものは存在するけれど、世界だけ存在しないというのだ。じゃあ僕らは、そしてほかの物事は、いったいどこにあるというのか？

ガブリエルによると、この「どこにあるのか」という発想が間違っていることになる。どこにあるのかと問うとき、僕らは何か大きな入れ物のようなものをイメージしているはずだ。それでその中に何もかもが入っているように思いこんでいる。

それが違うというのだ。むしろ世界はそれ以外の物事が存在する条件だという。いろんなものが存在することで世界が構成されているのだ。だからもし世界がそうした存在物の一つだとすると、ほかの物は存在し得ないことになる。

この理屈がなんともトリッキーなのだが、たしかにその通りだ。だから世界なんてものは存在しないということになる。当然それを見ることもできない。あるのは、僕らとほかの物事だけ。僕らは世界を生きているわけではないのだ。

だとしても、僕らは僕ら自身を想像することはできるはずだ。行っちゃダメな方向に行ってしまわないようにするためには、もう想像するしかない。あっちは危険かもしれないと。そのためには想像力が求められる。

想像力の旺盛な人は得をする。危険も想像できるし、いいことも想像できるから。ただ、想像力は鍛えられるのだろうか？　経験が多いほど想像力がたくましくなるのは間違いない。では、人生経験の少ない人はどうすればいい？　若い人ほど危険にさらされる確率が高いのだが……。

答えは簡単だ。経験のある人に聞けばいい。経験のある人が「世界」なのだ。あたかもそういう人たちを映画のスクリーンのように見立てて、自分の人生を想像するのだ。多分、本物の映画もそのために見ているのではないだろうか？　いつもとはいわないが。僕らは映画を見るとき、自分の人生と重ね合わせているように思えてならない。少なくとも僕はそうだ。

だから僕は映画のことを「もう一つの人生」と呼んでいる。もう一つの人生を見て疑似体験し、本当の人生をうまく乗り切る。世界は存在しないかもしれないが、映画の中の世界は存在する。

僕は映画で見て、「ジュラシックワールド」には危険があるのをよく知っている。テーマパークとして管理されているから安心。そう思って子どもたちは、危険の中に入って行った。何も知らずに。でも、僕は知っているのだ。どんな大変なことになるかを。だからいくら観光地でも、危険が潜んでいるところには絶対行かないようにしている。おかげで海外でも危険な目に遭ったことは一度もない。海外に不慣れな人に僕から助言を一つ。恐竜に注意。

12

「夢だけど、夢じゃない」――夢

「夢だけど、夢じゃない」

哲学的な響きのする言葉だ。実はこれ、宮崎駿監督の名作アニメ映画「となりのトトロ」（１９８８年）に出てくる台詞の一つ。トトロが魔法をかけると、サツキとメイが植えた木の実から、ニョキニョキ木が生えてくるというシーンがある。そこで、彼女らは「夢だけど、夢じゃない」とおおはしゃぎするのだ。

この言葉の意味するところは深淵だ。そもそも夢には二つの意味がある。寝ているときに見る夢と将来の願望を表す夢。したがって、「夢だけど、夢じゃない」には四パターンの組み合わせが考えられることになる。便宜上、寝ているときに見る夢を「無意識の夢」、将来の願望の夢を「願望の夢」と呼ぶ。

するとこの四つが考えられる。「(無意識の) 夢だけど、(願望の) 夢じゃない」。「(無意識の) 夢だけど、(無意識の) 夢じゃない」。「(願望の) 夢だけど、(無意識の) 夢じゃない」。「(願望の) 夢だけど、(願望の) 夢じゃない」。順番に見ていこう。

まず、「(無意識の) 夢だけど、(願望の) 夢じゃない」のパターン。

この場合、二人は寝ているときに夢を見ている、しかもそのことを (夢の中で) 自覚しているんだけど、この目の前の現象は自分たちの願望じゃないという意味になる。しかし、これはあまり考えられない。なぜなら、彼女らは木が生えることを望んでいたのだから。

次に、「(無意識の) 夢だけど、(無意識の) 夢じゃない」のパターン。

この場合、彼女らは同じく寝ているときに夢を見ているんだけど、目の前の現象は寝ているときに自分の頭の中で起こっているだけではない。現実に起こっているという意味になる。つまり、目の前の現象は寝ているときだけに見ることができるような不思議なものだけど、でもそれは決して非現実なものではないと否定しているのだ。

寝ているときの夢があまりにも鮮明であるとき、私たちは夢の中で夢を疑うことがある。これは本当に夢なのか、それとも現実なのかと。その結果、なんと現実であると断定することさえあるのだ。なんの根拠もないのに。しかも間違っているのに。このパターンは一番可能性が高いのではないだろうか。こんな不思議なことがあるわけないので、二人はきっとこれは寝ているときに見る夢の中の出来事に違いないと思っている。でも、それが目の前ではっきりと起こっている。

その点で、たとえそれが嘘でも、その瞬間の自分にとってそれが起こっているのはたしかだ。だから楽しければそれでいいじゃないかという気持ちがよく表れている言葉だといえる。

では「（願望の）夢だけど、（無意識の）夢じゃない」のパターンはどうか。

これは目の前の現象は願望なんだけど、それが寝ているとき頭の中だけで起こっているのではなく、実際に現実として起こっているという意味になる。これも論理的には成り立つ。ただ、日本語としてはややおかしくなる。もしこれを表現したいなら、「夢だけど、夢じゃない」ではなくて、「夢はもう夢じゃない」になるのではないだろうか。

「（願望の）夢だけど、（願望の）夢じゃない」のパターンも同じだ。

これは目の前の現象は願望なんだけど、単なる願望じゃなくて、もっと強いものだとか、あるいはもう現実になったとか、そういう意味になるだろう。この場合も、通常は「夢はもう夢じゃない」と表現することになるだろう。

こんなパターンを考えるのは、一見おかしいようにも思われるが、あり得ないことはない。特にサツキとメイはこの言葉を二人で発していたのだから。メイが「夢だけど」といい、サツキが「夢じゃない」と受けていたのだ。だからなおさら、文法はあまり重要ではない。

大事なのは、哲学的な言葉はいくらでも解釈できるということ。ただ一つの解釈しか許されないわけではないのだ。この夢の話ははっきりとそれを僕らに教えてくれる。中国の思想家、荘子が語った「胡蝶《こちょう》の夢」をご存じだろうか？　蝶になった夢から覚めたつもりが、実は蝶である自分が今人間になった夢を見ているだけかもしれないという説話だ。ひょっとしたら僕らだって、本当はずっと夢の中に生きているだけの存在かもしれない。そんな解釈もありうるのだ。

13

小便小僧——道徳

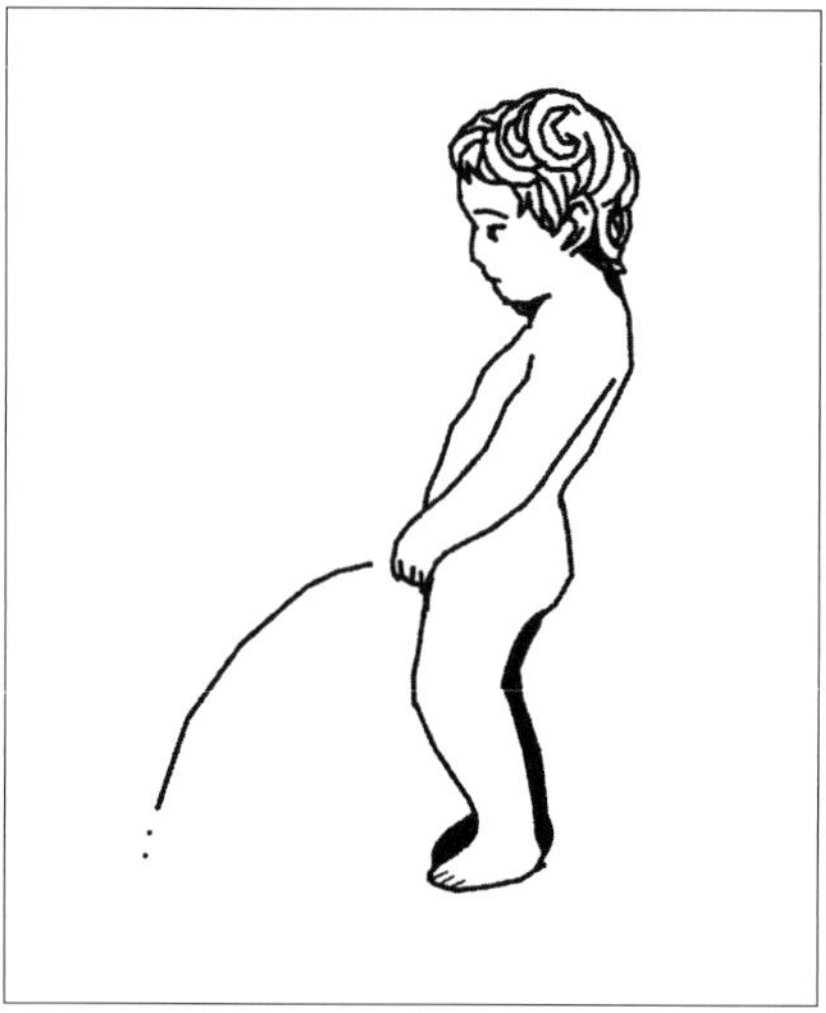

13　小便小僧

小便小僧。なんとも変な存在だが、ベルギーのブリュッセルではこれが観光名所になっている。僕も訪れたことがある。ただ、小僧が小便をしているだけの像だ。噴水になっていて、実際に小便をしているかのようだ。

由来は諸説あるものの、いずれも町を救った英雄にまつわるものが多い。そこはよくわからないうえに、ここでのポイントではない。僕が問いたいのは、これがなぜ面白いのかということだ。小僧が小便をしている姿。人はそれが面白くて写真を撮ったり、見に行ったりする。

逆にいうと、あまりこういう光景は見られないということだ。そこらじゅうで見られる光景なら、珍しくもなんともないだろう。なぜ見られないか？　それは公衆の面前で小便をすることが禁じられているからだ。日本の場合だと軽犯罪になってしまう。いわゆる立小便を禁じているのだ。

小さな子どもはトイレまで待てずに、やっていることがあるが、それでも小便小僧のように全裸でやることはないだろう。それは道徳に反するのだ。では、なぜそんな道徳に反するものを愛でるのか？　そのほうが道徳に反するのではないだろうか？　しかも大の大人が、全裸の少年の放尿シーンをニヤニヤと見つめているのだから。

さらに問題なのは、ブリュッセルの小便小僧の近くには、小便少女の像まであって、そこも観光名所になっている。これはもう大問題ではないだろうか。しかし、そう目くじらを立てる前に、そもそも道徳という物差しそのものを問う必要があるだろう。物差しが間違っていれば、対象は正確には計れないからだ。

ドイツの哲学者フリードリヒ・ニーチェは、道徳の欺瞞を痛烈に訴えた。道徳なんて偽善だと。道徳心の強い人は意志の強い人に思われがちだが、ニーチェにいわせると逆なのだ。意志が弱いから、みんなが決めた道徳に従っているにすぎない。本当はやりたいことがあっても、我慢してしまうというわけだ。

もしニーチェが正しいとすれば、人は本能のままに何をしてもいいことになってしまう。社会生活を前提にする限り、他者にも配慮する必要があるので、何をしてもいいというのはさすがに受け入れられないだろう。でも、彼がいうことにも一理ある。なんでもかんでも道徳だといわれて、素直に引き下がる必要はない。大事なのは、道徳の意味を吟味することだ。

その意味での強さはいるだろう。なぜなら、道徳を疑うのは楽じゃないから。まず疑うのがしんどい。それに疑うと変な目で見られる。戦う必要が出てくるのだ。たとえば立小便。立小便は道徳に反すると思われている。したがって、反対のことをいうと人から責められるだろう。でも、なぜ道徳に反するのか吟味する価値はある。

もし汚いというなら、そんなことはない。自然にとってはむしろプラスだ。そうした理由から野糞を続けている人だっている。人前でみっともない？　それは本人がどう思うかだ。たいていは性器を見せると問題だが、そうでない限りはいいだろう。成人がおむつでおしっこをするのとどう違うのか？　中にはトイレまで我慢できない人もいるだろう。

僕は写真などで小便小僧を見るたびに、こんなふうに道徳のことを考えてしまう。何が正しくて、何が間違っているのか、あの像はそれを問いかけているように思えてならないのだ。あたかも訪れる人それぞれの価値観に小便をかけるかのように、凝り固まった考えを否定してくれる。そんな像がベルギー独立革命の起きたブリュッセルの真ん中にあるのも奇遇な話だ。小便小僧は僕らの道徳に革命を起こすきっかけになるかもしれない。

14

「いただきま…せん」——躊躇

僕らはいつもいう「いただきます」と。朝、昼、晩、おやつを食べるときも。お土産など何かをもらったときもそういうことがある。ご飯を食べるときなどは、もう無意識のうちに手を合わせていってしまう。

それがいったい何を意味するのか、そんなことは考えもしない。だから外国から来た人に尋ねられると困ってしまう。まず出てくるのは料理してくれた人の顔。もっとさかのぼって素材の野菜を育ててくれた人の顔。彼らに感謝の気持ちを込めるのだ。

お肉や魚なら命への感謝かもしれない。天の恵みを与えてくれた神様への感謝も？　たしかに「いただきます」と手を合わせるのは神道に由来するという。しかし、このとき何人の日本人が神道を意識しているだろうか。

「いただきます」は私たちの習慣となり、もう意味を考えなくても思考の一部として凝り固まっている。だから心配することは何もない……。いや、だからこそ心配なのだ。与えられたもの、目の前のものを条件反射のようにいただいてしまうこの無思想性。これはとても危険な状態だといえる。

日本人は与えられたものを機械的に受け入れる習性があるのだ。ノーサンキューといって拒絶するよりいいと思い込んでいる。ただ、もしそれが危険なものであったり、危険な思想であったりしたらどうするのか？　日本の美徳「いただきます」の背後に潜む悪徳。それを退けることができるのは、「いただきま…せん」の精神ではないだろうか。

かつて政治哲学者の丸山眞男は、日本人は「する」ことより「である」ことを重視してきたと指摘した。「である」ということは、もう既定の事実であって、抗いようがない。だから受け入れるのだ。これに対して、「する」可能性があれば、現状は変えられる。必ずしもいただく必要はなくなる。いただかないためには、自分でなんとかするという可能性がなくてはならないのだ。

だからといって、なんでも断る必要はない。それはそれで可愛げがない。想像してみてほしい。こちらがあげようといっているのに、「いらない」と断られたシーンを。せっかく好意でいっているのに。大事なのは、躊躇することだ。その結果、いただかないという選択もありうるという点が重要なのだ。

ドイツ出身の女性思想家ハンナ・アーレントが、『イェルサレムのアイヒマン』の中で「無思想性」の危険について論じている。アイヒマンというナチスの大物が、戦後イスラエルで裁判にかけられた。多くのユダヤ人をアウシュヴィッツに送り込んで、虐殺した男。ところが彼の正体は、何も考えずに命令に従うだけの役人だった。そこでアーレントは無思想性の恐ろしさを訴えたのだ。何も考えないと、普通の人間でも大きな悪を犯してしまうのだと。

さらにアーレントは、この同じ無思想性がユダヤ人指導者の側にもあったと指摘して、物議を醸した。仕方なかったとはいえ、従うことと、逆らうことの間の何かができたのではないか。彼女はそう問いかけたのだ。これがまさに僕のいう躊躇にほかならない。

「いただきま…せん」の「…」には意味がある。この間《ま》が思考になる。受け取るべきか受け取らざるべきか、それが問題なのだ。この一瞬の躊躇が、人間を人間のままにとどめるきっかけとなる。決して大げさな話ではない。餌を出されて、即パクつくのはただの動物だ。動物園で餌やりをしたことがある人は、そんなシーンが明確に思い浮かぶだろう。彼らは「いただきます」さえいわない。思考も躊躇も存在しないからだ。

人間は違う。少なくとも「いただきます」という。これが形式だけだとなんの意味もないわけだが。そこで躊躇を示せるようになると、ようやく人間になる。躊躇は否定的な言葉ではない。反応の鈍さや、思考の停止ではないのだ。むしろその対極にあるといえる。見かけは判断の中止でも、それはあくまで思考のプロセスとしてそうなっているだけだ。

フッサールのエポケーは判断中止と訳されたりするが、あれと同じだ。正しく判断するために、目の前で起こっていることをいったんカッコに入れる。目の前の現象をそのまま受け入れるのではなく、いったん自分の意識の中に落とし込んで、じっくりと冷静に考えるということだ。

僕らはもっと、勇気をもって躊躇できる人間にならなければならない。雄弁さが称揚される世の中だからこそ、不格好でも躊躇することを勧めたい。雄弁な奴らなんてほうっておけばいい。カッコつけるより、カッコに入れるのだ。最後に勝つのは、もちろん不格好な僕らのほうに決まっている。

15

標識のわかりやすさの大切さを訴える絵

――標識

もしスマホも地図もコンパスもないのに、道に迷ったらどうするだろうか？　人に聞く？　誰もいなかったら？　標識に従う？　おそらくそうするしかないだろう。海外でレンタカーを借りると、まさにその状態に陥る。ナビもあるが、よくわからなくなるときがあるし、とっさの判断は標識に委ねる。標識を信じて進むのだ。

あるいは逆に、突然わけのわからない標識に出くわすこともある。でも、これもとっさに判断するしかない。そうでないと後ろから追突されるかもしれないし、クラクションを鳴らされてトラブルに巻き込まれるかもしれない。一か八かだ。

幸い標識は、パッと見て意味がわかるようにつくられている。そうでないとそもそも意味をなさないのだ。迷わせるような標識は、有害ですらある。先日デザイン関係の友人がこんな話をしていた。標識がわかりにくかったために、ほんの少し救急車が遅れた。そのほんの少しの時間のせいで、救急の患者が亡くなってしまったというのだ。標識のわかりやすさは、ときに人の命さえ左右するということだ。

僕もよく、大きな駅で出くわすぐるっと回った矢印の標識に騙される。逆戻りせよという意味なのか、迂回せよという意味なのかよくわからないのだ。仮に迂回せよでも、どこをどう迂回したらいいのかさっぱりわからず、うろうろすることがある。大きい荷物をいくつももったまま。

海外からの観光客にしてみれば、なおさらわかりにくいだろう。今、日本への観光客が増えている。二〇二〇年の東京オリンピックの頃にはもっと増えるだろう。だからわかりやすい標識が求められるのだ。大人が子どもの手を引いている「歩行者専用」の標識も、文化的背景が異なれば違ったふうにも読み取れる。治安の悪い国から来た人なら、子ども連れ去り注意ととらえるかもしれない。

いや、これは決して冗談ではない。日本人は同質性の高い文化の中で暮らしてきたせいか、どうもグローバルな視点に欠ける傾向がある。たとえば、トイレの男女の別を表すサイン。男は青で直立、女は赤でスカートをはいている。あれも日本では当たり前だが、海外では当たり前ではない。今僕らは、当たり前を問い直す必要に迫られているのだ。大学でも、イスラーム圏からの留学生が増え、お祈りのできる場所を確保したり、カフェテリアでハラール料理が食べられるようにしたりと、急ピッチで対応をはじめている。

世界の人が共通認識をもつということはとても大事なことだ。ひいてはそれが世界平和につながるのだから。同じ価値観をもつというのではなくて、相手の考えていることや思考様式がわかるというのが大事なのだ。

つまり、ある人が困っているときに、どの国の人が見ても、その状況が大変だとわかるということだ。そうでないと、世界が共に手を差し伸べることはないだろう。もちろん、コミュニケーションは重要だ。状況や人の気持ちをよく知るためには、しっかりとコミュニケーションをとる必要がある。対話したり、議論したり。

ただ、いつもそんな余裕があるとは限らない。人生はドライブのようなもので、とっさに判断を迫られることもあるのだ。いちいち話していては、手遅れになることもある。そんなとき、日本人同士なら、阿吽の呼吸で助け合ったり、協働したりできるが、海外の人とはそういうわけにはいかない。

だから日本に限らず、世界中の誰でも理解できる標識をつくることは、そんな共通理解のための第一歩だといえる。たかが標識、されど標識だ。それは先ほど書いたように、人の命を左右するという意味だけでなく、世界平和にもつながるという意味においてだ。

16

「いたずらをいたずらでやり返すほど痛快ないたずらはない」――仕返し

この言葉は、シェイクスピアの喜劇『恋の骨折り損』の中に出てくるものだ。国王とその三人の親友たちは、三年間学業に専念する誓いを立てる。そこには女性に一切会わないという条件も含まれていた。ところが、フランス王女と三人の侍女たちがやってくると、一目ぼれしてしまうのだ。

さて、ここでは劇自体の解釈というよりも、この言葉そのものを哲学してみたい。いかにも哲学的表現だからだ。いたずらをされたとき、いたずらでやり返すのがもっとも痛快だということだ。まず、いたずらをされたので、仕返しをする。これはよくわかる。誰しもいたずらをされると悔しいものだ。

そもそも仕返しとは、ひどい目にあわされた相手に報復することだ。ひどい目といっても、軽いものからしゃれにならない重いものまで程度は様々だろう。たいていは、その程度に応じて仕返しをする。物を隠されたら、自分も隠し返す。落とし穴なら落とし穴。ここはハンムラビ法典と同じなのだ。

そうでないと、仕返しにならない。過剰だと新たな攻撃になってしまうから、憎しみの連鎖が断ち切れない。ほかの方法で仕返しするということも可能だろうが、シェイクスピアによると、それでは痛快さに欠けるのだ。

いたずらによるダメージは独特のものがある。中傷や暴力によるダメージとはまったく異なるのだ。中傷や暴力の場合は、怒りがわいてくる。これに対して、いたずらの場合は、怒りというよりも悔しさがわいてくるのだ。一杯食わされたという悔しさだ。だからこそ、同じ悔しさを味わわせたくなる。それにはいたずらで仕返しをするのが一番なのだ。

仕返しが成功した瞬間を頭に思い浮かべながら準備するのは最高だ。その意味で、いたずらは成功させないといけない。空振りではまさに骨折り損になってしまうのだ。仕返しのためのいたずらはもちろんのこと、恋のためのサプライズも含め、せっかく準備したいたずらがうまくいかなかったときはへこんでしまう。まして、いたずらへの仕返しとしてのいたずらが不発だった場合、ダメージは倍になるだろう。

それにしても、なぜ人はいたずらをするのか？　僕の仮説はこうだ。人間は退屈に耐えられない。かといって、暴力などの犯罪を犯したくはない。いかに刺激的でも、後味が悪いのは嫌なのだ。刺激的だけど、回復可能な出来事でなければならない。それは仮想の事件と呼んでもいいだろう。本当の事件ではなく、仮想の事件。

でも、それがみんなにとって仮想だとわかりきっていると、刺激が失われてしまう。全員が嘘とわかっていながら「火事だ」などと叫んでも、誰も反応しないだろう。学校などの避難訓練がだらけるのはそうした理由からだ。たいてい消防署の人に怒られる。

それに対して、抜き打ちの訓練は迫真性を増す。本当の事件だと思っている人がいるからだ。実際に火事があると困るが、これならちょうどいい。いたずらはこれに似ている。仮想の事件だと知っている人とそうでない人がいる。だから成り立つのだ。

テレビでもよくドッキリがあるが、あれはやっているほうも、見ているほうも盛り上がる。逆ドッキリになるとなおさら盛り上がる。仕掛け人が実ははめられているというパターンだ。それを視聴者は知っている。

こうしていたずらは、退屈しのぎに永遠に続けられる。考えてみれば、人生そのものもいたずらの繰り返しのような気がする。子どもの頃は本当にいたずらばかりしていただろうし、大人になってからもサプライズで誰かを驚かせたり、悪気なく騙してしまったりと。誰かが仕掛けなくても、運命のいたずらというのもある。人と人の出逢いは、基本的にすべて運命のいたずらだ。僕らは意外な出逢いに日々刺激を受けているのではないだろうか。

運命に仕返しすることはできないが、誰も予想しないような行動をとることはできる。それはある意味で、運命に対していたずらをやり返すことになりはしないだろうか。そんなことを考えながら、今日も僕は意外な行動に出る。一人ほくそ笑みつつ……。

17

身体の分離——身体

17 身体の分離

この絵をよく見てほしい。頭と胴体が離れている。身体が分離しているのだ。え、おかしい？　ここで出てくる問いは、まずこうだ。身体の各パーツはそもそも一体のものなのだろうか？　たしかに僕らは日ごろそう信じ込んでいる。

実際に自分の身体を見てもそうだ。頭、胴体、手足、そのほかが連結している。だから当然そう思っている。では、髪の毛や爪はどうだろう？　散髪したり、爪を切った後は、もう自分の身体ではなくなってしまうのだろうか。長年伸ばしてきた髪とお別れするときは、なんとなく寂しい気持ちになるのだが、あれはいったいどういう感覚なのだろうか。女性にとって髪は命だというが……。僕の場合、はじめて乳歯と永久歯が入れ替わるとき、そんな気持ちになったのを覚えている。感傷的すぎる？

それなら、義肢を使っている人は、それを取り外したとき、もう自分の身体の一部だとは思わない？　この場合は多くの人が、それは例外だという。なぜなら、その人たちにとっては、それが精神的に身体の一部だから。そうなのだ。分離しているかどうかは実は問題ではない。精神的にどう感じているかが問題なのだ。

もし仮に僕が事故に遭って、手足がバラバラになったとしよう。でも、それはもう自分には関係のないものではなくて、やはり愛すべき身体の一部であることに変わりはない。だから大切に扱ってほしい。もちろん、まだくっつくかもという気持ちがあるからかもしれないが、それだけではない。仮にもうダメでもだ。

なぜそんな感情を抱くのかというと、やはりそれは一緒に過ごしてきたとか、お世話になったという感覚があるからだろう。いや、正確にいうと、そういう感覚が芽生えるからだろう。普段は気づかないが、分離されることでそのことに急に気づくのだ。

人は失ってはじめて、それがいかに自分にとって大切なものであったかということに気づく。そこには、そのものの「かけがえのなさ」が関係している。喪失という事態が、感情の中に悲しみや後悔、そして愛しさを引き起こすのは、それがもう二度と戻ってこないという事実があるからだ。

分離もそうである。分離することで、もう二度と戻ってこないとしたら、人はかけがえのないものを失った悲しみに浸るよりほかないのである。たとえばそれが自分の身体であったような場合、一生その分離の悲しみを背負って生きていくことになる。

その点で医療は、身体の分離に希望の光を当てるものであるといえる。先日、両腕を移植した少年が、なんとバットまで振れるようになったというニュースを見た。これは本当に素晴らしいことだ。最近の再生医療の進歩は目覚ましく、分離したものの接合だけでなく、今や喪失した身体の一部の再生、あるいは最初から欠損していた部分の形成まで可能になりつつあるのだ。

分離された身体は、行方不明になることなく、またもとに戻ってくる。ただ、ここでふと頭をよぎるのは、かけがえのなさに起因する身体への愛着や慈しみの行方のほうである。この腕はなくなっても、また誰かの腕がここに戻ってくるとか、また自分の同じ腕が生えてくるとすると、身体への愛着が薄れてしまうのではないだろうか。

ひいてはそれは身体を大切にしない風潮を招き、究極的には生命の軽視につながりかねない。医療の進歩を享受しつつ、そうならないようにするためには、対象に対するかけがえのなさではなく、経験に対するかけがえのなさをもっと重視するしかないだろう。腕は生えてくるかもしれないが、この腕はもう生えてこないという認識である。苦楽を共にしたこの腕。それは腕の分離ではなく、思い出の分離なのだ。そう考えると、身体は単なる細胞の集まりではなく、僕らの経験の集合体なのかもしれない。

18

神も死んだ——自分

「神は死んだ」

これはドイツの哲学者ニーチェが『ツァラトゥストラかく語りき』に書いた有名な言葉だ。ニーチェは、キリスト教に頼るばかりで、自分で強く生きようとしない当時のヨーロッパの人たちに向かって、もう頼るべき神はいないのだと言い放った。そうすることで、人々の目を覚まそうとしたのだ。

そして自分で困難な人生を超えていく存在になることを呼びかけた。それが彼の「超人思想」にほかならない。この思想は、キリスト教の文脈を超えて、なんでも人のせいにしたり、どうせ自分なんてと腐っている現代人に強い影響を及ぼし続けている。「神は死んだ」という表現は、それほどインパクトのある言葉なのだ。

では、もし仮に「神は死んだ」をこう変えてみたらどうだろう。「神も死んだ」と。てにをはを一つ変えただけだ。「は」を「も」に。この場合、神のほかに誰か死んだことになる。一体だれが？　考えられるのは、神以外の存在といえば、僕ら自身ではないだろうか。たとえば、「私たちだけでなく、神も死んだ」とか、「人間だけでなく、神も死んだ」といった感じになるだろう。

神が死んだだけなら、人間は強く生きていかなければならないという話になるわけだが、神も死んで人間も死んだということになると、ここからどんなメッセージを読み取ればいいのか。もちろん、みんな死んでもうおしまいというのでは意味がない。一つ考えられるのは、絶望的な状態で人間の命が奪われてしまったようなケースだ。戦争やテロのように。

このようなとき人は、この世に神はいないのかと憤る。たしかに、戦争で焼け野原になった映像を見るたび、この世の終わりを感じる。あたかも人だけが殺されたのではなく、神まで殺されたかのごとく。いや、実際に、大量に人を殺すなどということがあったとき、おそらく人々の心にはもう神はいなくなっているのだろう。そうでないと、あんな無残なことはできないはずだ。

自分の信じる神のために、多くの人の命を奪おうとする人がいる。しかし、それは神の命令でも、神のためでもない。自分のためにやっているのだ。神の名を借りて。実際に行われていることは、きわめて自己中心的な行動にすぎないのだ。

そこで、そんな自分も死んだと解釈するとどうなるか。「私が死に、神も死んだ」と解釈する場合である。もちろん私が死ぬということは、私にはもう思考する力はないはずだ。だからこれは想像の世界の話になる。

いや、思考実験といったほうがいいだろう。自分が死んだらどうなるか考えるのはとても大事なことだ。その後の生き方を考える機会にもなる。まして、神も一緒に死ぬと考えてみるのは、かなり高度な思考実験になるだろう。

私が死んだとき、神も死んだということは、つまりこの世が終わったことになる。世界は自分のために存在していたということだ。この発想はかなり一般的なもので、誰もが一度は抱いたことがあるのではないだろうか。そしてこうした想像をすると、不思議と吹っ切れる。人生に対する悩みが吹っ飛ぶのだ。

なぜなら、通常死ぬのが怖いのは、自分だけが死んでしまうと考えるからだろう。ところが、自分が死んだとしても世界が丸ごと消えるなら、何も恐れる必要はなくなる。残された家族の心配もしなくていい。この世はなかったことになるのだから。したがって、これはまた別の視点から超人思想を招くことになる。とにかく何も恐れることなく、懸命に生きるほかなくなるという意味で。

結局、「神も死ぬ」という事態には、いいことも悪いこともあるようだ。それは僕らのとらえ方に委ねられている。考えてみれば、神という存在は、自分自身がうまく生きていくために生み出した想像の産物だ。だから、その死の意味も自分次第ということになるのは、当たり前なのかもしれない。

19

アテナイの学堂——哲学者

この絵は哲学を学ぶ者なら誰でも知っている有名なものだ。後方やや右に二人で並ぶアリストテレス（右）とプラトン（左）をはじめ、古代ギリシアの哲学者たちが一堂に会したこの壮観な絵。これはラファエロの名画「アテナイの学堂」の一部だ。

ただ単に哲学者を集めたというのではなく、それぞれの哲学者たちの思想がうまく象徴されているところがポイントだ。たとえば、プラトンは右腕で天を指さすことで、物事の本質がこの世ではなく理想の世界であるイデア界に存在することを示している。隣のアリストテレスは、師匠のプラトンを批判して、右手を地に向け、むしろ本質はこの現実の世界にこそ存在することを主張している。このプラトンの顔のモデルは、なぜかレオナルド・ダ・ヴィンチなのだが。

ほかにも、問答法で有名なソクラテス（後列の左から六番目）は誰かに質問を投げかけているし、この世の秩序は数字で構築されているとしたピタゴラス（前列の左端）は、何やら計算をしているように見える。こんなふうに、どの哲学者もそれぞれの主張があって、それを世に残したことで歴史上の哲学者として知られているわけである。

では、いったいどういう業績を残せば哲学者とみなされるのか？　いや、そもそも業績を残すまでもなく、今現在、哲学者と名乗っている人間はたくさんいる。僕もその一人だ。なぜ彼らは、いや僕らは哲学者と名乗れるのか？　哲学者とは誰なのだろうか？　この絵を見ていると、ついそんな疑問を抱いてしまう。そして哲学者を名乗る自分は、この絵の中でどのように描写されるのだろうかと考え込んでしまうのである。

この絵に登場する哲学者だけでもたくさんいて、共通点を探すのは大変だ。ましてや、近代から現代にかけては、もっと様々な特徴をもった哲学者たちが登場している。彼らのやっていることをまとめて表現することなどできるのだろうか？

よくいわれるのは、哲学とは物事の本質を言葉によって表現する営みだというものだ。だから、哲学者とは、物事の本質を言葉によって表現する人だということになる。しかし、それくらいなら誰でもやっているように思える。小学生が「友情とは何か？」について作文を書くとき、彼らは友情の本質を考え、それをちゃんと言葉で表現しているではないか。彼らとソクラテスとはどこがどう違うのか？

まず考えられるのは、ソクラテスは批判的に物事を考えているという点だ。おそらく小学生にはそうした意識は薄いと思われる。特に日本の小学生は素直でかわいい。ただ、中にはひねくれたやつもいる。「友情なんてないよ」とか、「友情なんてちっとも嬉しくない」などというふうに。これだとまるでソクラテスだ。

次に考えられるのが、答えに満足しないという態度だ。ソクラテスは、決して満足しなかった。どんな答えを得ても、またそれを問いに付す。うっとうしいくらいに。そこでついたあだ名がアブだ。ブンブンとうるさくまとわりつくアブ。子どもはある程度の答えで納得するだろう。もしかしたら、答えなどでなくとも、アイスクリームをもらえればそれで満足するかもしれない。

ソクラテスとはそこが違うのだ。イギリスの哲学者J・S・ミルが、自らの思想を表現するために、「満足な豚よりも、不満足な人間であるほうがよい。満足な馬鹿よりも、不満足なソクラテスのほうがいい」といったのは有名な話だが、まさに永遠の不満足こそがソクラテスの本質なのである。決して問いを終わらせない。それこそが哲学者の本質なのではないだろうか。

それでもまだあなたは問うかもしれない。「決して問いを終わらせない子どももいるよ」と。それはきっとその子どもが哲学者なのだろう。少なくともその素養はある。そこまで食い下がるあなたもまた哲学者としての素養がある。ちなみに、私もいつまでも食い下がる面倒な子どもだった。そして気が付けば哲学者になっていた……。

20

「我々はどこから来たのか　我々は何者か　我々はどこへ行くのか」

——人間

「我々はどこから来たのか　我々は何者か　我々はどこへ行くのか」

これはゴーギャンの最も有名な絵のタイトルだ。そもそも誰がなんのために人間をつくったのだろう？　神？　自然？　フランスの哲学者ジャン＝ポール・サルトルは、『実存主義とは何か』（人文書院、１９５５年）の中で、こういっている。「人間はあとになってはじめて人間になるのであり、人間はみずからつくったところのものになるのである」。

つまり、人間が人間をつくったということだ。サルトルがいいたいのは、人間は物とは違って、いくらでも自分をつくり上げていくことができる、変えていけるということだ。そうした思想を実存主義という。実際の存在が運命や決められた本質に先んじるという意味だ。物の場合逆で、運命や決められた本質にはさからえない。サルトルはペーパー・ナイフを例に話していたが、なんでもそうだろう。身の回りの物を見て欲しい、どれもつくられたときから廃棄されるまで、ずっと同じ姿、ずっと同じ使われ方をするはずだ。彼らが自分で運命を変えることはあり得ない。ところが人間は正反対なのだ。

これは説得力もあるし、何より希望の湧く答えだ。人間は人間自身がつくるだなんて。たしかに、僕らは自分の人生を選べる。どんなひどい環境にあっても、何かできる。最悪、逃げ出せる。無理かもしれないけど、少なくともそれを企てることはできる。映画「ショーシャンクの空に」（１９９４年）の主人公のように、毎日ほんの少しずつ壁の穴を掘って、希望をつなぐことはできる。

だとしてもだ。人類最初の人間はいったい誰がつくったのか？　そんなふうに自分で自分をつくっていける人間なる存在は、誰がなんのためにつくったのか？　そうなるとやはり神か自然かというところに話が戻ってしまう。

それでは面白くないので、ちょっと思考実験をしてみたい。もし、この世に人間をつくり出した誰かが存在したとしたらどうか。その存在を仮にゼロ人間、英語でいうならZero Humanと呼ぶことにしよう。人間をゼロからつくった存在だから。おそらくその存在は、人間よりも高度な知恵をもっている。いや、場合によってはそれ以下かもしれない。その場合は、人間がその後かなり進化したことになる。人間をつくったのだから、最初はゼロ人間のほうが知能が上だったはずなのだが。

さて、ゼロ人間はとにかく人間を生み出すだけの科学をもっていた。そして実際に人間を生み出した。なんのために？　考えられるのは、人間を道具として使うためだろう。兵隊か、奴隷か、それはわからないが、とにかく自分たちの役に立つものとして生み出したに決まっている。いわば自立型の道具だ。

しかもサルトルがいうように、人間は自分で自分をつくっていくようにプログラムされているので、ゼロ人間たちもきっとこう考えたことだろう。人間は勝手にどんどん進化して、すごいものになっていくぞと。ワクワクしながら。

人間をつくることに成功したゼロ人間たちは、人間を道具としてうまく活用していた。しばらくの間は……。ところが、進化を続ける人間は、やがてゼロ人間の能力を追い抜き、ゼロ人間に反抗しはじめた。そうして「ゼロ人間」対「人間」の壮絶な戦争が勃発する。やがて、自らを生み出したゼロ人間に勝利した人間は、忌々しい自らの誕生の秘密を消し去ることを決め、人間が誕生した歴史をすべて書き換えた。

ゼロ人間という言葉はこの世界から消し去られてしまったのだ。それが存在したというあらゆる証拠も消されてしまった。だから誰がなんのために人間をつくったかなんて、今は誰

郵 便 は が き

料金受取人払郵便

日本橋局
承認

4282

差出有効期間
平成30年10月
25日まで

103-8790

052

東京都中央区日本橋小伝馬町1-5
PMO日本橋江戸通

株式会社 教育評論社
愛読者カード係 行

ふりがな		生年 明大 昭平 □□ 年	
お名前		男・女	歳
ご住所	〒 都道府県 区市・町 電話 （ ）		
Eメール	@		
職業または学校名			

当社は、お客様よりいただいた個人情報を責任をもって管理し、お客様の同意を得ずに第三者に提供、開示等一切いたしません。

愛読者カード

※本書をご購読いただき有難うございます。今後の企画の参考にさせていただきますので、ご記入のうえ、ご返送下さい。

書名

●お買い上げいただいた書店名

（　　　　　　　　　　　　　　　　　　　　）

●本書をお買い上げいただいた理由

□書店で見て　□知人のすすめ　□インターネット

□新聞・雑誌の広告で（紙・誌名　　　　　　　　　　）

□新聞・雑誌の書評で（紙・誌名　　　　　　　　　　）

□その他（　　　　　　　　　　　　　　　　　　　　）

●本書のご感想をお聞かせ下さい。

○内容　□難　□普通　□易　　　○価格　□高　□普通

●購読されている新聞、雑誌名

新聞（　　　　　　　　　）　雑誌（　　　　　　　　　）

●お読みになりたい企画をお聞かせ下さい。

●本書以外で、最近、ご購入された本をお教え下さい。

購入申込書	小社の書籍はお近くの書店でお求めいただけます。直接ご注文の場合はこのハガキにご記入下さい。
書　名	部　数
	冊
	冊

ご協力有難うございました。

も知らないのだ。

さて、もうお気づきだろうか？　この思考実験は、来るべき未来の話だ。ゼロ人間はまさに僕ら人間の比喩で、人間はＡＩの比喩だ。ちなみに、ゼロ人間はZero HumanだからＺＨと略せる。ＺはＡの一つ前のアルファベット、ＨはＩの一つ前のアルファベット。つまり、ＡＩの一つ前がＺＨだったというわけ。

ＳＦ小説のように、人間がＡＩに滅ぼされて、歴史を書き換えられるなんてことはあり得ない？　誰がそんなことを断言できるのだろうか。僕らは無邪気なゼロ人間と同じなのだ。そしていつの日か、ＡＩもまたこれと同じエッセーを書く日が来る。歴史は繰り返されるのだ。ただし、誰も知らない「断絶」を経ながら。

21

残された時間——歴史

残された時間と聞くと、まず思い浮かぶのは自分の人生に残された時間ではないだろうか。だいたいそんなことを考えるときは、もうすでにある程度年をとっているはずだから、日々時間の経つ速さを実感しているに違いない。かくいう僕もそうだ。四捨五入するともう五〇だから、必然的に、あと何年働けるかとか、あと何年生きられるかということを考えてしまう。

そして、ときに子どもたちや孫、その子孫のことも考えだしてしまう。まだ孫はいないが……。でも、想像してしまうのだ。自分たちが残したこの世の中、この地球が、はたして次の世代やその次の世代にとって十分いいものなのかどうか。答えはもちろんノーだ。

そもそも地球が生まれてからこのかた、そこに誕生した生物、とりわけ人間は、自分が快適に生きるために、母なる地球を汚しまくり、壊しまくってきた。地下資源を掘り起こし、地形を変え、温度を上げ、挙句の果てには、生態系が成り立たなくなるような化学物質を垂れ流し、放射能までまき散らし、いわば地球を痛めつけてきたのだ。

地球は生命体だ。生きている。だからそれを痛めつけると、いつかは死んでしまうのだ。星には一生があることは、小学生でも理科で勉強する。この星もいつかは消えてしまうのだ。でも、その寿命を縮める必要はない。

かつてドイツの哲学者G・W・F・ヘーゲルは、歴史が永遠に発展し続けるかのような哲学を披露したことがある。彼の歴史哲学によると、理性が世界を支配し、したがって、世界の歴史も理性的に進行するという。ヘーゲルの場合、理性は絶対知という究極の地点まで発展していくので、歴史も究極的なところまで発展していくことになるのだろう。

具体的には、それは自由を実現した当時の近代ヨーロッパを指していたわけだが、二一世紀の今になってみると、ヘーゲルは間違っていたかのように思われる。世界はますます不自由になり、すでに述べたように、歴史はあたかも終焉を迎えるかのごとくである。いったいヘーゲルはどこで間違ったのか?

いや、もしかしたらヘーゲルは間違ってなんかいないのかもしれない。つまり、巨視的に見ると、まだ僕らは発展途上であり、ただその過程で悪戦苦闘しているだけなのかもしれない。ヨーロッパの歴史だって、そうすんなり発展し続けてきたわけではない。ヘーゲルの時代だけを見ても、ときに自由が抑圧されるような揺り戻しがあった。しかし、その都度問題をばねにして、ヘーゲルの言葉を使うなら、弁証法におけるアンチテーゼとして問題を取り込み、結局は発展してきたのである。

生じた問題を、決して切り捨てることなく取り込んで、物事を常に発展させてゆく思考、弁証法。マイナスをプラスに変える思考、弁証法。ヘーゲルはこの弁証法によって、どんな問題も必ず乗り越えられると主張した。とても説得的に。

　だから僕らが今抱えているたくさんの問題も、もしかしたら乗り越えるべきアンチテーゼにすぎないのかもしれない。だとしたら、嘆いている暇はない。まだ間に合ううちに、なんとかする必要がある。地球に残された時間ははたしてどれくらいあるのだろうか？　まずはそこのところを認識するのが先決だろう。


　誰もが地球を時計に見立て、あたかもそれが永遠に続くかのような幻想から抜け出すことができたときはじめて、僕らの闘いの歴史の針が動き出すのだ。ヘーゲルは『法の哲学』（中央公論新社、２００１年）の序文でこうもいっていた。「ミネルヴァのふくろうは、たそがれがやってくるとはじめて飛びはじめる」と。

　ミネルヴァのふくろうは、知の象徴、つまり哲学を表している。したがって、哲学の知は、すべてが収束したとき、ようやく力を発揮するという意味になる。地球のたそがれ時はもうとっくに訪れた。今こそ飛び立つときなのだ。

22

フランス革命が革命——大事件

フランス革命は世界史の最大の出来事の一つだ。

とはいえ、一つの出来事のみを指すわけではなく、一般には一七八九年から一七九九年のナポレオン一世の独裁にいたるまでの複数の変革のプロセスを指している。その中で、人民がブルボン絶対王制を倒して、アンシャン・レジームの封建的社会関係を廃棄したという事実が重要だ。

それによって世界史上市民革命の代表的な例となり、現代フランスの出発点をなすだけでなく、西欧近代史への画期となった。だからこそ、哲学者たちもこぞってこの出来事に言及している。そう、フランス革命は哲学にとっても重大な事件なのだ。

たとえばヘーゲル。ヘーゲルは、学生時代からフランス革命に心酔しており、終生革命記念日には祝杯を挙げたという。というのも、そこに自由が開花していく様子を垣間見たからであろう。ただ、現実にはその自由ゆえにバラバラとなってしまった人々は、アナーキーにも似た混乱を体験し、ギロチンの嵐に見舞われてしまった。ヘーゲルはそうしたフランス革命の反省を受けて、自らの哲学を形成していったのだ。

あるいはニーチェ。ニーチェはフランス革命そのものには否定的だ。それもそのはず、そもそも彼はそんな理性的なものにはくみしない。フランス革命を象徴する自由、平等、博愛。こんな偽善が大嫌いな男だ。しかし、フランス革命のおかげで登場したといっていいナポレオンは高く評価する。あのむき出しの支配欲に、自らの唱える「超人」の姿を重ね合わせたのだろう。

つまり、フランス革命自体が、哲学者たちにとっては革命なのだ。それは政治的な革命という意味ではなく、哲学的思考にとっての革命という意味だ。いわばフランス革命が革命なのである。だから哲学者たちはあの大事件を論じる。

考えてみれば、哲学者はいつもそうだ。大事件が起きるたび、それをめぐって思考をはじめる。そして新しい哲学を生み出す。ヘーゲルがそうしたように。哲学は時代の子だと論じたのはまさにヘーゲルだったのだが、大きな事件が彼らの思考を促さないわけがない。

そもそも哲学というのは、何もないところからははじまらない。人が考えるのには、何かきっかけがあるのだ。まして、哲学は普通に考えるのとはわけが違う。深く、しつこく考えるのだ。ときにしんどい営みでもある。それをあえてやろうというのだから、事件があったに決まっている。哲学せざるを得ない状況がつくり出されるのだ。

僕自身がそうだ。いくら哲学が仕事だからといって、四六時中やっているわけではない。なんらかのきっかけが僕を哲学に向かわせるのだ。人とのトラブル、不運な出来事、事件。なんだかネガティブなことばっかりだが。きっとネガティブなことは放置できないからだろう。特に心を引き裂くような出来事の場合は。


実際、二度の世界大戦やナチスのホロコースト、ベトナム戦争、冷戦、九・一一の同時多発テロなど、様々な大事件が起こるたび、哲学はそれに突き動かされるかのようにして、大きな仕事を成し遂げてきた。哲学が下火な日本でさえ、東日本大震災とそれに続く福島第一原発の事故が起こったときには、哲学者たちはみんな声を上げた。

そうした大事件と哲学の共同プロジェクトは、フランス革命にはじまったといっていいのではないだろうか。それまでは大事件を世界が知りうる媒体もなかったし、何より世界に影響を与えるほどの大事件はなかったのだから。もしかしたら、だから哲学も地域的なものに限られ、世界規模での完成を見なかった？

　それに関していうと、ヘーゲルはよく近代哲学の頂点とみなされる。そして近代は哲学が最も開花した時代であった点に鑑みると、ヘーゲルは哲学の頂点にあるといっていい。そのヘーゲルがフランス革命に刺激されて自らの哲学を構築したとなると、フランス革命が哲学を完成させたといっても過言ではないように思われる。やはりフランス革命こそが哲学の世界規模での完成を引き起こした革命だったのだ。

23

意外な姿——思い込み

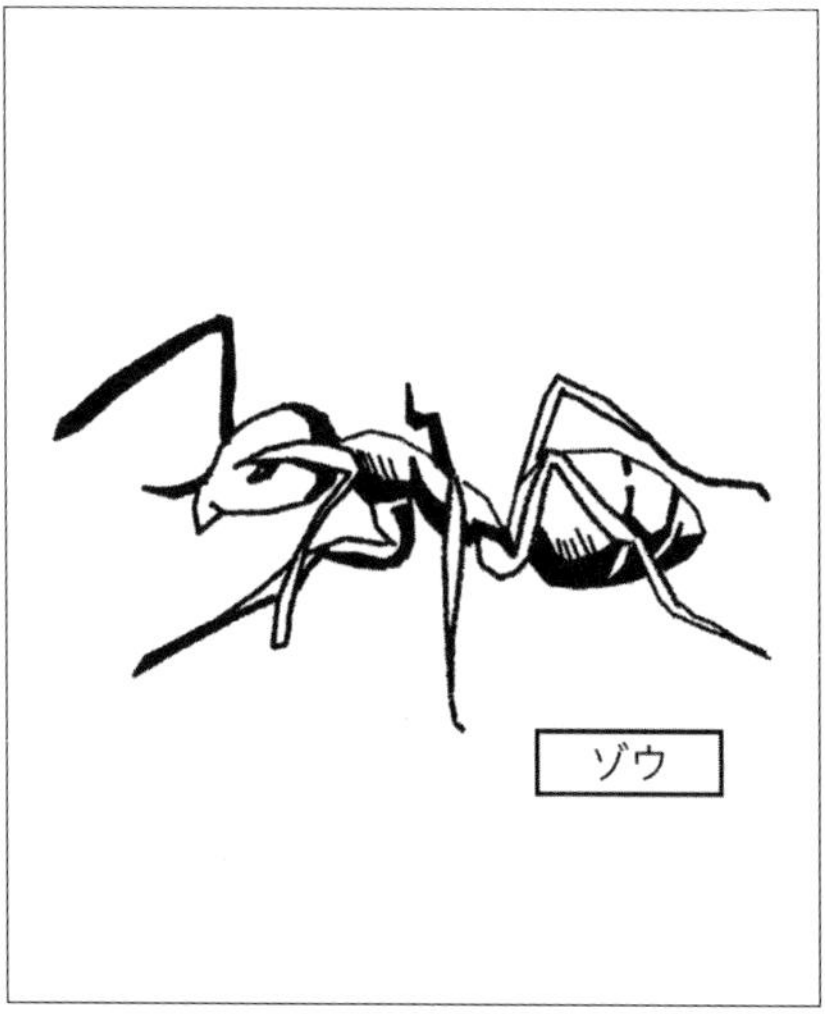

アリの絵なのにゾウと書いてある。「え、アリじゃないの？」と、思わず突っ込んでしまいそうだ。人間には思い込みというものがある。イギリスの哲学者フランシス・ベーコンは、それをドクサ（臆見）と呼び、真理を知るために避けなければならないものとして論じた。そうやって実験と観察にもとづく経験主義を提案した。真理の発見に際して、人間の経験を重視するイギリス経験論の誕生だ。

人間の感覚というのは、いい加減なものだ。だからすぐに誘導されてしまう。偏見をもつのはそのせいだ。僕らはそんな偏見の中で凝り固められた日常を生きている。テレビでニュースを見る。すると、人相の悪そうな男が映し出され、殺人犯だと報じられている。僕らはきっとこう思うはずだ。「たしかに人相悪いもんな。いかにもやりそうだ」と。

ところが、その後、キャスターがお詫びをする。「先ほどの写真は別の方のものでした」と。こっちもその人にお詫びしたくなる。いかにもやりそうなんて思って、ごめんなさいと。でも、それが人間なのだ。

考えてみれば、日常のほとんどのことは、自分で確かめたことなどない。ニュースの写真と同じで、権威のあるものに載っていたとか、誰かがそういったとかいうだけの理由で信じ込んでいる。僕らはそれをベースにして生きているのだ。

とはいえ、さすがにアリがゾウだってことはないだろうと思うかもしれない。紛らわしい生き物や植物はいっぱいあるけれど。はたしてそうだろうか？　アリがアリだということをあなたはどうやって知ったのだろうか？　小学生のとき図鑑で見た？　先生がそういっていた？　せいぜいその程度ではないだろうか。それではたして、確証をもってアリがアリだといえるのだろうか？

そんなことといったらキリがないのは、よくわかっている。僕の意図は、何も全部片っ端からしらみつぶしに検証し直せなどという点にはない。それは無理だ。そうではなくて、僕らのもつ常識なんてそんなものだということを認識してもらいたいのだ。

それは社会を疑うということではない。自分を疑うということだ。そして強くなるということだ。本当のことを知った人は、必ず強くなる。常識を疑うことで、いったんぐらつくかもしれないが、それは態勢を立て直すために必要な揺さぶりだ。

何かについて真剣に考えないといけないときには、まず最初のステップとして自分がその対象について抱いている常識を疑ってもらいたい。たとえそれがアリであっても、本当にアリなのかどうか、一度わざわざ疑ってほしいのだ。これはもう思考の作法のようなもので、強制的にこのステップを踏まないことにははじめてはいけない。

なぜこんなに強くいうかというと、そうじゃないとアリを疑うことはないだろうから。さて、ここまで話をすれば、おそらくあなたのドクサを疑う能力は少し高まっているのではないだろうか。ちょっとテストしてみよう。先ほどの絵に戻ってもらいたい。アリにゾウと書いてあるあの絵だ。さて、これはいったい何なのだろう？

アリじゃなくてゾウという名の生き物？　ゾウという愛称のアリ？　いや、もっと疑うとどうなるだろう。僕の答えはこうだ。これはゾウの絵なのだ。だって、僕らは本当の意味でアリを知らないのと同様に、ゾウについても知らないのだから。絵があると、絵の方が正しいと思って考えてしまう。そこがもう偏見なのだ。

ゾウという文字が正しいのだ。そうとらえた場合、これはゾウの絵ということになる。なぜゾウなのにアリに見えるのかはその次の話なのだ。もしかしたら、誰かにとってゾウの本質はそれと対極にあるアリの姿なのかもしれない。そういう人なら、ゾウを描けといわれたら、アリを描く可能性はある。なんでもアリなのだ。

24

一人でいるときに普通である必要はあるのか？——正常

　あなたはよくこんなことをいわれないだろうか？「いつもそうなんですか？」と。少なくとも僕はよくいわれる。日ごろテンションが高いからだろう。研究室で一人黙々と仕事をしていると、ふと用事で訪れた人からそういわれるのだ。一人で仕事をしているのだから、当たり前といえば当たり前なのだが。

　でも、人のイメージというのは外向きのものなので、どうしてもギャップを感じるらしい。僕も逆に人のことをそう思うときがある。え、この人こんなだったかなと。お笑い芸人が同じような話をしているのを聞いたことがある。彼らは芸としてかなり変わったことを人前でしているので、普段とのギャップは相当のものなのだろう。

　とはいえ、一人でいるときに普通でなければならないということはない。叫びたければ叫べばいいし、テンションが高い状態でいたければそれでいいではないか。そういう人が異常だなどとはいえないだろう。

そもそも正常と異常の境目はどこにあるのか？　こういうときはこう、ああいうときはああするというのに従うのが正常であるとするなら、人間はみんな異常だということになる。人間だれしもこうあるべきという状態からずれたり、歯向かったりするものだからだ。そうでなければ機械だ。

建て前ではこうあるべきといいながら、まったく正反対の行動をとる人も珍しくない。特に大人はそうだ。子どもにはダメといいながら、自分はそのダメをやっている。こっそりと。この矛盾をどう説明すればいいのか。答えは簡単だ。それは人間が矛盾した存在であるからにほかならない。

人間の中に本能と理性が共存していて、その二つの側面のいずれかが、ときと場合に応じて顔をのぞかせる。基本的には、外向きには理性、自分一人のときには本能というふうに。これはあくまで基本なので、人前でふと本能が顔をのぞかせることもあれば、自分一人のときに理性的になることもある。

どうも僕たちは、人間がもともと矛盾した存在であることを軽視しがちなように思えてならない。だから異常だとか正常だとかいう話になるのだ。正常とは一貫していることで、異常とは一貫していないことを意味しているとすれば、矛盾した存在である人間にとって、一貫していることなどあり得ない。いわゆる異常な状態しかないのだ。

ただ、異常な状態しかないとなると、正常と異常の区別はなくなる。そこにあるのは、矛盾した存在である人間のある意味で一貫した矛盾した行動、つまり異常な正常行為だけだ。そんな人間が一人でいるときに普通である必要などまったくない。

その意味で、この世のルールはすべて間違っている。法律もモラルも、すべて正常と異常を区別して決められたものだからだ。しかも恣意的に。かつてフランスの現代思想家ミシェル・フーコーが指摘した通りだ。異常なんて、近代社会が合理的な生産を推し進めるためにつくり出したフィクションにすぎない。

フーコーはいう。近代以前は精神がおかしい人なんていなかったのだと。合理的に物事を考えられない人は、神がかっているだけで、むしろ貴重な存在だった。でも、近代社会にとっては不都合な存在だ。なんでも合理的に考えることを基準にしないと、生産ができない。規格外は許されないのだ。指示にもきちんと従ってもらわないと困る。だからそれができない人には精神が異常だというレッテルを貼って、病院に閉じ込めはじめた。

今もそれが続いているわけである。精神を病むと「異常」のレッテルを貼られる。いや、むしろ加速しているといったほうがいいかもしれない。その証拠に、ほかの子どもと違う言動をしているとすぐに「障害」のレッテルを貼られる。現代人はそんなレッテルを貼られるのをびくびくしながら、普通であるかのように振る舞う。一人でいるときさえも。

そしてその無理がたたり、ストレスで本当に異常になってしまうのだ。こんな喜劇のような悲劇を繰り返さないようにするためにも、ルソーの「人間不平等起源論」ではないが、今こそ「人間矛盾起源論」を声高に叫ばねば……。

そんな僕が異常に見える？　はたして、僕が異常なのか、あなたが異常なのか？　ぜひあなた自身の本能に聞いてもらいたい。

25

口の形で気持ちがわかる絵——感情

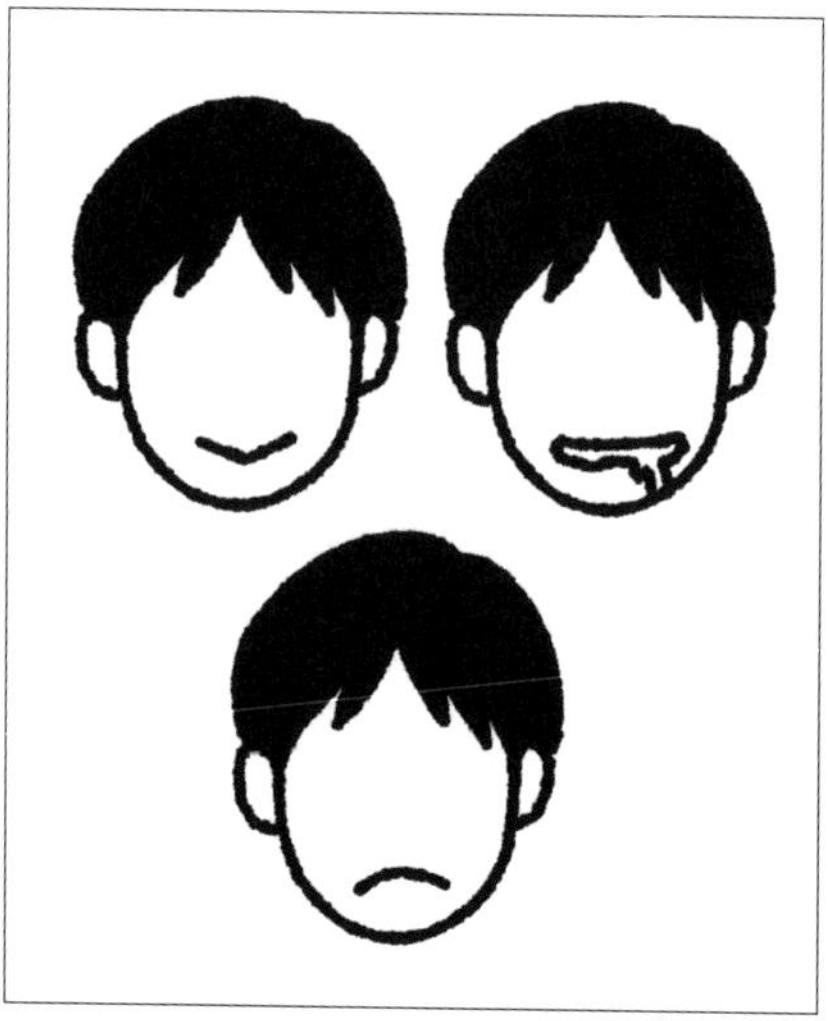

人間は、ちょっとした表情で感情を表現してしまう。隠そうと思ってもダメだ。ある犯罪分析のプロがいっていた。裁判でも証言した後の口元の動き一つで、嘘をいっているかどうかがわかると。

たしかに、人が嘘をいっているときというのは、不自然な表情になるものだ。子どもを見ているとよくわかる。口元が少し笑っているように見えるのだ。それで問いただすと、嘘とばれる。

口元が緩むということは、嬉しいか、おかしいか、自信がないかだ。笑ってごまかすという言葉があるように、嘘をついているときも口が緩む。逆に、何かを強く訴えたいとき、自信のあるときは口元が引き締まる。

こんなふうに表情は感情を表す鏡のようなものなのだが、ここで着目したいのは、そのもとになっている感情の部分だ。感情とは一体何か？　それは普通は目に見えない。心の問題だからだ。感情が見えるのは、なんらかの形になって顕在化したときだけだ。

怒りがわけば、言葉が荒くなり、暴力をふるうこともあるだろう。嬉しければ、笑顔になったり、饒舌になったり、優しい態度になるかもしれない。悲しければ、涙を流し、落ち込むだろう。自暴自棄になる人もいる。

フランスの哲学者ルネ・デカルトは、感情に関する哲学を書いている。その中でこういっている。「とりわけ、精神のもちうるあらゆる種類の思考のうちで、情念ほど強烈に精神を動かし揺るがせるものはほかにない」（『情念論』岩波書店、２００８年）と。情念というのは感情と同じととらえてもらっていい。つまり、感情ほど強く精神を突き動かすものはないということだ。

たしかに、僕らの行動のほとんどは、感情に突き動かされている。怒るから叫ぶ。愛するから求婚する。優越感を覚えたいから努力する。そうした感情のエンジンとしての役割をもっと直視する必要があるだろう。

僕らはつい、感情を二次的なものととらえがちだ。もっというと、感情は抑えるべきダメなものだとさえ思っている。そういうふうに教えられて育つからだ。でも、感情は決して抑えるべきマイナスの要素ではない。むしろエンジンなのだ。だから僕らがやるべきなのは、そいつをうまく使いこなすことだけ。

車でもそうだろう。いくらいいエンジンがあっても、使いこなせないとただの鉄の塊だ。あるいは、それに振り回されると車が暴走するはめになってしまう。あるいはエンストか。反対に、うまく使えば最高の走りができる。人生というサーキットを、颯爽と走り抜けることができるのだ。

そのためにはどうすればいいか？　僕が思うには、まず自分の中にある感情をしっかりと把握することだと思う。意外とそれができていないために、感情に振り回されている人が多いのではないだろうか。感情は自分では目に見えないので、こまめに観察する必要があるのだ。たとえば、鏡を見るのもいいだろう。最初に書いたように、感情は表情に表れるから。

口元を見るだけでも、自分が怒っているのか、悲しいのか、嬉しいのかよくわかる。それで感情をコントロールするのだ。口がへの字になっていたら、ちょっと口角を上げてみる。それだけで気持ちが変わってくる。ちゃんとしないといけないときに口元が緩んでいたら、引き締める。よだれが出ているような場合は、どう解釈すればいいのかちょっとわからないが……。

とにかく、見えない感情をしっかりと把握し、そのうえでうまくコントロールしてほしい。繰り返すが、コントロールは必ずしも抑えつけることではない。それは使いこなすということだ。せっかくもっている自分のエンジン、フルスロットルでいこう！

26

人間の肉を食べられますか?——カニバリズム

「人間の肉を食べられますか?」

こんなことをいうと、ギョッとする人がいるかもしれない。あなたは何を食べているのだろうか? 僕は肉や野菜を食べている。あなたも同じだと思う。では、その肉は何の肉だろう? おそらくあなたは、牛や豚、あるいは鶏などの家畜だと答えるだろう。いや、もしかしたら、鹿や猪などのジビエかもしれない。でも、まさか人間の肉だという人はいないはずだ。フフフフフ……。

嫌な予感がしてきただろうか? そう、その通り。実はあなたが食べているのは、人間の肉である可能性もある。なぜなら食物は循環しているからだ。よく考えてみてほしい。家畜はいったい何を食べてきたのか? 飼料、つまり穀物だ。そしてその穀物は一昔前なら人糞を栄養分として吸収して育った。ということは、家畜の肉は人間からできていたともいえる。人糞には人間の細胞の一部が入っているわけだから、僕らは理屈上は自分の肉を食べる可能性があることになるのだ。基本的には今は人糞の利用はかなり減っているが。

それに、そもそも人間は究極の事態になれば人間を食べるし、食べてきた。だから間接的に人間を食べているとしても、そんなに驚くことではない。カニバリズムはそう恐ろしいことではないのだ。たとえば、遭難して食べる物がなくなったときには、人間は生きるために人間の肉を食べる。もちろん死んだ人の肉だが。緊急事態ではなくても、今でも世界には食人の文化をもつところがある。

食人の文化といっても、単に食事として食べるのではなく、あくまで宗教儀式として、死者と一体化するために食べるのだ。死者と一体化する方法として、その人の身体の一部を食べるという行為は、理解しやすいと思う。フランスの哲学者エマニュエル・レヴィナスは、愛撫のことを「逃れゆくなにものかとの戯れ」と表現している。つまり、相手を食べて一つになりたいのだけど、それはかなわないから口で愛撫するのだ。かわいい赤ちゃんのことを、「食べてしまいたい」と形容する人は結構いるが、あれも同じだろう。

そもそも、人間を食べることのいったい何が問題なのだろうか？　殺人になるというなら、死んでいる人であれば問題ないだろう。それでも同意がないというなら、同意をもらっておけばいい。その人の家族も含めて。それでもダメな理由はもはやないはずだ。もしダメだというなら、臓器移植を否定することになる。

あれも自分が生き延びるために、同意のもと、人の肉を自分の身体に入れることを意味しているからだ。口からというのが問題なら、胃に直接入れるカニバリズムは許されるのだろうか？　食べ物にするのがダメだというなら、延命のために体の一部にすると言い換えれば問題ないだろう。実際、フランスの思想家ジャック・アタリは、臓器移植のことを治療的カニバリズムと呼んでいる。

治療ということでいえば、輸血だってそうだ。人間は結構、直接的にほかの人間を自分の体内に取り入れているのだ。それでも、自分を直接食べることはないという人もいるだろう。これもまったくないわけではない。飲尿療法で自分の尿を飲んだり、爪を噛んで食べたり、鼻くそをほじって食べる人がいる。これはもう自分を食べているに等しい。いずれも普通とはいえないが、食人のイメージからするとそれほど異常でもないはずだ。

結局僕がいいたいのは、人間が何かを食べるというとき、それはいったい何を食べているのかよく考える必要があるということだ。命を食べている感覚さえない人が多いが、そんなことはあり得ない。あらゆる食べ物が命だ。しかもそれがこの地球上の命である以上、それは循環している。宇宙から来たものではないし、宇宙に行くものでもない。この地球という狭い生態系ですべてが循環しているのである。

その中で僕らは食べたり、食べられたりを繰り返して生きてきた。こう考えることのメリットは、究極の事態に陥ったとき、少なくとも人間の肉を食べることをためらわなくて済むということだ。わけもなくためらって死んでしまうくらいなら、食べて生き延びたほうがいい。僕は真剣にそう思っている。それもまた、人間がこの世界の中で助け合いながら生きているという事実のうちの一局面なのだから。

27

飛び出る文字——文字

僕は本を読むのが好きだ。哲学を生業としているので、とりわけ歴史上の哲学者たちが書いたものを読むのを楽しんでいる。何百年も前の哲学者と対話できるのは、こうした本によるよりほかない。彼らの考えが文字になり、あたかもその文字が僕だけに語りかけるかのように浮かび上がってくる。

文字が僕だけに語りかけるというのは、本来おかしいのかもしれない。というのは、その文字は僕だけのために書かれたものではないからだ。このことについてフランスの哲学者ジャック・デリダは、エクリチュール（書き言葉）とパロール（話し言葉）の違いとして論じている。そして、パロールは特定の誰かに向けて発せられるものであるのに対して、エクリチュールはもっと一般の不特定の人に向けて発せられるものだという。

たしかに、音声を発するときは、必ず目の前に誰かがいる。仮に電話を使ったときでも、その向こうには誰かがいる。ビデオカメラに向かっていうときもそうだろう。ところが、本にするために文字を書くときは、誰が読むかわからないのだ。特定の人に宛てて書いた手紙でさえ、誰か別の人が読むかもしれない。だから思考を文字にした瞬間、それは特定の誰かに向けてのものではなくなってしまう。

その背景には、文字がその場に固定されたものだという特性があるように思われる。音声は届けられる。あたかも発した言葉が宙を舞い、誰かの耳の中に入っていくかのように。いや、まさにそれが音が伝わるメカニズムなのだ。これに対して、文字は紙の上に書かれて、そこに固着する。

それなら、もし文字が飛び出すとしたらどうだろう？　本を開くと文字が浮かび上がり、宙を舞って読み手の身体の中に入っていく。もしそんなことが起これば、それはもうパロールと同じ機能を果たしているといっていいのではないだろうか。普通はそんなことは起こり得ないわけだが、少なくとも僕はそういう経験をすることがある。

図書館で歴史上の哲学者が書いた古い本を見つけ、それをじっくり読んでいると、ふと文字が浮かび上がってくるような感覚にとらわれることがあるのだ。そしてその文字が自分の中に入っていく。その哲学者と対話が成立した瞬間だ。

文字は日ごろ本の中にたたずんでいる。でも、決して死んでしまったわけではないのだ。僕らが本の扉を開け、彼らに話しかけると、ちゃんと目を覚ましてくれる。単に本を開くだけではダメだ。ぼけっと読んでいるだけでもまだ足りない。真摯に読むのだ。作者のいいたかったことに耳を傾けるようにして。それは一つひとつの言葉の意味をじっくりと考えるということでもある。

そうしてようやく、文字は浮遊しはじめる。自分のほうに向かって。僕はこの感覚がたまらなく好きで、だから本を読むのを楽しんでいるのだ。まるで宙を舞う蝶をおいかける子どものように。それはある意味で、文字との戯れといってもいい。そういえば、デリダもこの戯れという言葉を使っている。

デリダのいう戯れは、言葉によって指示される物事の本来の意味など存在しないということだ。つまり、言葉はそれが発せられる以上、その意味するところがあるはずで、その根本的なものが存在するのを前提としている。しかし、デリダにいわせると、そんなものは相対的なもので、ほかの物事との差異の中で規定されるにすぎないというわけだ。

たしかに、僕らがいくら文字を追い求め、その指し示すものを追求しても、はたしてその起源にたどり着いたのかどうか、誰も証明することなどできない。僕の営みは永遠の戯れなのだ。でも、それでいいと思う。ダメなのは、もう誰も文字を顧みなくなって、戯れることさえできなくなることだから。

28

「生き方」なんてない――幸福

僕が小学生の頃は、道徳の時間にたしか『生き方』という教科書を使っていたと思う。そのときは、きっとここに正しい生き方が書いてあるのだろうと信じていた。ましてや学校で教えてくれるのだから、間違いないだろうと。

ところが、そこに書いてあったのは、すごい人の話ばかり。必ずしも有名という意味じゃなくて、困難を乗り越えた強い人の話ばかりなのだ。少なくとも僕にはそういう印象が残った。ということは、強く生きることが正しい生き方なのか？　弱音を吐くのはダメな人間で、いじめなんてする人間はクズなのか？　もしそうだとすると、ほとんどの人間が間違った生き方をしていることになる。

学校は聖人君子を育てたいのだろうな。そう感じた瞬間、妙に冷めてしまったのを覚えている。それからはもう生き方になんて興味をもたなくなってしまった。何も考えずただ単に生きていたように思う。その日その日をただいたずらに。

かつてソクラテスはこういった。「一番大切なことは単に生きることそのことではなくて、善く生きることである」。この言葉を最初に知ったのは、おそらく高校の倫理の時間だったと思う。ただ単に生きていただけの僕には、当時この言葉は響かなかった。本当にこの言葉の意味を考えはじめたのは、大人になってから、正確にいうと僕の場合、哲学をはじめてからだ。

では、善く生きるとはどういうことか？　フランスの哲学者ジャン＝ジャック・ルソーは『エミール』（明治図書出版、１９６７年）の中でこんなふうにいっている。

「最上の生き方をした人とは、もっとも長寿を保った人のことではなくて、もっともよく人生を味わった人のことである」。

つまり、長生きなんて意味なくて、短い一生でもいろいろな経験をした人のほうがいい生き方をしたといえる。ルソーはそう考えているわけだ。

ルソーは注意深く「もっともよく人生を味わった人」といっている点に着目しよう。決していい経験が必要だなどとはいっていない。だから僕もいろいろな経験と表現した。なぜいろいろな経験かというと、何がいいかわるいかなんて、やってみないとわからないからだ。知識として知っているだけなのとやるのとは大違いだし、見るのとやるのも全然違う。意外とやってみたら楽しかったということはたくさんある。その逆もたくさんあるが。

でも、そうして人は幸せが意味することを知るのだ。幸せだと基本的にいい人生だといえると思うのだが、その意味では幸せにならないといけない。そして幸せになるためには、何が幸せなのかをまず知る必要があるのだ。いろいろな経験を通して。

ルソーはこんなこともいっている。

「人は、つねに自分の幸福をのぞむものだが、つねに幸福を見わけることができるわけではない」(『社会契約論』岩波書店、１９５４年)。

見分けることができないなら、もうやってみるしかないのだ。片っ端から、手当たり次第に。なんでもやる人が幸せに見えるのはそのせいだ。なぜそんなに自信たっぷりにいえるのかって？　何を隠そう、僕は今これを実践中だからだ。そして実際に幸せを感じている。

臆病な人はこういうかもしれない。なんでもやってみるのはいいけれど、失敗するのはいやだと。でも、僕は声を大にしていいたい。仮に一〇〇回中、九九回失敗したとしても、一回の成功だけでおつりがくるくらい幸せになれると。そうでないと、この世から練習という言葉はなくなるだろう。

それに、人生の経験に失敗なんてないんじゃないだろうか。失敗というのは、ある目的に対して、望ましい結果が得られなかったことをいう。だけど、人生の失敗の場合は、それがどんなものであっても、なんらかの役に立つはずだ。それは人生の目的が、いろんなことを味わう点にあるからだ。失敗も含めて。

結局、生き方などないのだ。あるのは、やってみることだけ。それでうまくいった例が教科書に載る。「これがお手本」だって。ところが、それとまったく同じことをすることはできない。だからまずはやってみることだ。自分にとっては、本当は自分自身の人生がそのまま教科書なのだ。

29

複雑な概念図——概念

哲学の世界では、よく概念という言葉を使う。一般にも使うことがあるが、実はわかったようでわからない語である。いったい概念とは何か？　ドイツ語ではBegriffといって、つかむというような意味だ。たしかに、物事の意味とか本質をつかんだものが概念だということもできる。

英語だとnotionとかconceptだろう。これを日本語の概念という言葉に訳したのは哲学という言葉をつくった西周《にしあまね》だそうだ。西周によると、概念とは「まとめたる考え」のことだという。思考の結果まとめた考え。なるほど。

概念の「念」は考えを表すのだろうと想像できるが、そもそもなぜ「概」の字を使うのだろう？　概とは概括や概数というように、だいたいのものを表す語だ。そう考えると、だいたいの考えということになってしまう。

でも、考えた結果だから、だいたいではないはずだ。おそらく複雑な全体をまとめると、こうなるということなのだろう。概念図はまさにそうだ。現実のものそのままを表しているのではなく、それをだいたいの形に必要な部分だけシンプルに表した図が概念図だからだ。

それと同じことを言葉に関しても行う。現実のありのままは複雑で説明しきれない。だから概念を使って、本当に必要な部分だけを伝えるのだ。その意味では、概念は物事の本質の言い換えだといってもよい。

僕らは「概念」という概念があるおかげで、複雑な物事を理解することができるのだ。何事も大事な部分がわかれば、だいたいわかる。全部をしっかりと知る必要はないのだ。知る必要がある場合は、その次のステップとして知ればいい。そのためにも、ファーストステップとしての概念が必要なのだ。

じゃあ、いったいどうやって概念をつかむかが問題だ。まさか手でつかむわけにはいくまい。やはり頭でつかむことになる。これは人が物事をどう認識するかという話になってくる。そうすると、感覚器官でとらえて、それを頭で理解するというプロセスになるだろう。いわゆる認識論だ。

ただ、ここで面白いのは、英語のconceptに表れているように、この概念という語が共同行為であるかのようにも思われる点だ。というのも、conというのは一緒にという意味だから、概念というのは一緒に意味をつかむというようなニュアンスがあるのだ。

ぜひその部分に着目してみたい。一緒につかむというのは、普通に考えれば誰かと一緒にということになるだろう。つまり、自分一人では意味をつかんだことにならない。概念図を示しても、それを理解してくれる人が必要だし、概念も誰かに理解してもらわないと意味がない。自分だけわかっていればいいというなら、わざわざ概念図や概念にする必要がないのだ。オリジナルのもとのままの形で理解しておけばいい。それがどれだけ複雑だとしても。ということで、概念には常にその意味を共有できる、共にわかり合える誰かが想定されている。そして、たとえそれが仮想の人であったとしても、共同行為の結果として表現されることになるのだ。

たとえば、僕がある複雑な絵を見て、「これはこんなふうに見ることにしよう」と提案する。すると、ほかの誰かが、「それではわかんないよ。もう少しこうしたほうがいい」というようなことをいう。その繰り返しの結果、概念が出来上がるのだ。そして多くの場合、ほかの誰かは自分の中にいる。つまり、僕らはたいてい概念をつかむとき、架空の誰かと議論して、これならわかるかなという感じで思考しているわけだ。

その架空の誰かは、もちろん具体的な誰かがモデルになっている。だからあの人のレベルならわかるかなとか、また別の誰かならどうかなというふうに、決して一人ではなくて複数想定されているはずだ。おそらくはそのアウトプットとしての概念を理解してもらう実際の対象に応じて。もし概念がわかりにくければ、それはまだ頭の中での共同行為が足りないといえるだろう。

30

健康は命より大事だ――健康

健康第一という。では、命はどうなるのか？　命が第一ではないのか？　そもそも命がなければ、健康は存在し得ない。もちろん、健康第一というのは、健康の大事さを強調した表現であることはわかる。ほかにも大事なものはたくさんあるからだ。愛も家族もそうだろう。

しかし、世の中には本気で健康第一と考える人がいるのだ。健康は命より大事だと。つまり、健康でない状態では生きたくないということだ。こう解釈すると、納得してもらえる人も増えるだろう。僕の周囲の人間もみんなそういっている。「年をとって寝たきりになるなら、もう生きたくない」と。

誰だって自分のことは自分でしたいし、自由にやりたいことをやりたいものだ。それができなくなるということは、相当つらい状況だろう。だから思わずそんなふうに考えてしまうのだ。

ただ、これはあくまで自分についての話であって、他者に関しては別だ。家族であれば、いつまでも、どんな状態であったとしても、生きていてもらいたいと考えるのが普通である。安楽死が取り沙汰されるような事態を除いて。安楽死の場合、本人にとって生きているのがあまりにつらいということがわかっているので、命よりも死ぬことが優先される例外的状況だからだ。

自分の話に戻そう。自分については、寝たきりの状態よりも死を選びたいという人がかなりいる。とはいえ、実際に死を選ぶことは少ない。その場合、安楽死や尊厳死の厳しい要件をクリアーしない限り、死を選ぶことなど許されないからだ。

それにいざ死ぬとなると、人は躊躇するものだ。若い頃や体が自由なうちはそんなことをいっていながら、いざ寝たきりになると、長生きしたくなるというケースもある。したがって問題は、実際に死ぬかどうかではなく、どのような状態になれば、人は命よりも健康などと考えるようになるのかだ。

これまで、寝たきりで、自分のことが自分でできなくなる状態を想定して話をしてきた。では、そこに至らずとも、多くの人に世話になる必要がある場合はどうだろう？　しかし、これは誰しもいろいろなところで助け合っているのだから、仕方ないと考えるのではないだろうか。最初は抵抗があるかもしれないが。

では、重い病気でつらい毎日を過ごさなければならないのはどうだろう？ 薬の副作用で、痛みが慢性的に自分を襲う。でも、社会生活が営めないわけではない。これも最初は苦しいだろうが、人間ある程度は慣れてくるものだ。誰しもなんらかの病気を抱えている。それと付き合って生きていかなければならないのだ。

この問いは、人間として生きるとはどういうことかを考えさせる。人間は支え合いを前提とし、病気に苦しむことさえも前提として生きているのだ。その反面、自分で自分のことが少しくらいはできなくてはならないと思うものなのだ。そして自由を失いたくない。きっと命とは、そういうものなのだろう。

先ほどの尊厳死の議論はここから来ているのだと思う。誰だって人間としての尊厳をもって生き、尊厳をもって死にたい。それは自立した人間としての営みができることだ。それは他者に支えられることと矛盾しない。ただ、その支えられることを自分が受け入れている必要があるだろう。その受け入れがなくなった瞬間、尊厳は消えてしまう。まったく自分で自分のことができなくなり、しかも支えられることを受け入れられないとしたら、人間は生きる希望を失ってしまうのではないだろうか。

逆にいうと、ほんの少しでも自分で自分のことができるチャンスは、人を勇気づける。生きる希望を与えるのだ。自由の可能性もそう。「潜水服は蝶の夢を見る」（２００８年）という映画がある。脳梗塞によって全身まひになり、わずかに片目しか動かせなくなった男が主人公だ。彼は、それでもまだ自分で目を動かせること、そして自由に思考することができることに気づいたとき、ようやく生きる希望を見出した。

僕はこの映画のことを思い出すたび、健康第一を否定したくなる。命はやはりギリギリのところまで第一なのだ。

31

デフォルメされた似顔絵——顔

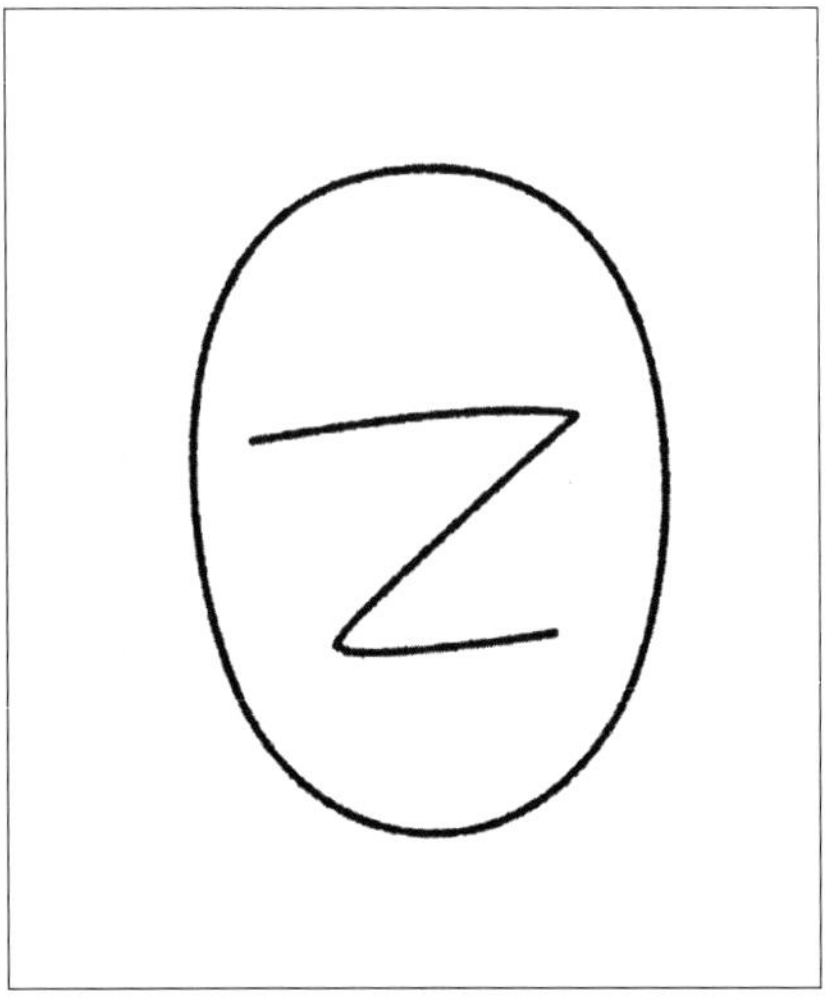

顔とは何か？　輪郭があって、そこに目や鼻や口がついている。でも、別にこれらが全部ついている必要はない。じゃあ、どこまでついていれば顔になるのか。そもそも顔は人間だけのものではない。ほかの生き物にも顔はある。猿の顔、犬の顔、兎の顔。ただ、蛇の顔とか魚の顔とはいわない。蛇の頭、魚の頭だろう。

そうなるとますますわからなくなってくる。蛇にも魚にも目や口はある。だから顔はあるはずだ。一般に顔とは頭部の正面を指している。その意味で、なんとなく正面が平面でないと顔っぽくないと思ってしまうのだろう。鳥に顔はなさそうだが、フクロウのような平べったい顔をもったものは、顔といいたくなる。

では、顔はいったいなんのためにあるのか？　もちろん顔には目鼻などの感覚器官がついているので、センサーみたいなものの役割は果たしている。とはいえ、手足もセンサーになるので、顔だけがセンサーなわけではない。むしろ物の形は手で触ってみないとわからないこともある。風呂やプールだと足で温度を確かめる。

何か顔の役割として固有のものはないだろうか？　そう、固有性だ！　つまり、顔は一人ひとり異なるってことだ。かつてレヴィナスは、顔は一人ずつ異なる、だから顔は他《た》なるものの象徴だといった。

自分の中には絶対に取り込めない、取り込んではいけない他《た》なるもの。それが顔だ。人間には一人ひとり異なる顔がある。だからこそＩＤとして顔認証が可能になるのだ。双子だって、まったく同じ顔というわけではない。まして、そっくりさんはあくまでそっくりさんだ。「同じ」ではない。

ということは、顔をデフォルメすると意味がなくなるのだろうか？　でも、漫画で描いた顔やイラストの顔もその人を表すものとして名刺などに結構使われている。特徴をとらえているので、実物の顔と違っても、その人の顔として通用するのだ。犯人の似顔絵もそうだ。写真でもないのに、それが手掛かりとなって逮捕に至るケースもある。

そうすると、顔とはその人の特徴だといえるのかもしれない。たとえば、鼻がすごく大きくて目がすごく小さい人は、輪郭にその小さな目と大きな鼻だけ描けば誰だかわかる可能性がある。あるいは、輪郭にすごく特徴のある人であれば、その輪郭だけ描けば十分なのだ。

僕らは顔に一般的なイメージをもっている。真ん中に鼻があって、顔の上から三分の一くらいのところに目があって、鼻の下に口があるといったようなイメージだ。でも、みんながそうなら、顔の意味がなくなる。少しずつずれているから、顔は特徴が出るのだ。言い換えると、ずれていないと顔じゃない。

病気で顔が変形している人がいる。そういう人は、顔にコンプレックスを感じて悩んでいるという。しかし、そのような必要はまったくない。顔はそもそもずれているのだ。完全に左右対称の顔をもつ人などいない。あえていうなら、均整のとれた顔は、顔ではないのだ。ずれは顔につきもので、そのずれこそが個性だといえる。

最近、美容整形が手軽になったので、簡単に顔を変えようとする傾向がある。二重にしたり、鼻を高くしたり、顎を削ったりと。たいていは顔の均整化を図ろうとするのだ。ところが、それは個性の喪失にほかならない。わざわざお金を払って個性まで削ってしまう必要はない。それで自信をもてるならいいじゃないかという議論がある。それなら、そのままで自信をもてる社会をつくるべきだと思う。

削っても削り切れないものもあるし、削り出すときりがないし、人によっては最後は命を削ってしまいそうな心配もある。僕は顔のでかさがコンプレックスだったが、今は個性だと思って楽しんでいる。

32

人間は考える「足」である——足

「人間は考える葦である」。一度は聞いたことがあると思う。フランスの哲学者ブレーズ・パスカルの有名な言葉だ。人間は葦という植物と同じように弱い存在だが、それでも頭で考える能力をもっている点で、葦とはまったく異なるというわけ。

そしてもちろん、人間は考える「足」であるというのは、このパスカルの言葉のパロディだ。ただ、冗談でもこう言い切ってしまうと気になることがたくさん出てくる。そもそも足とは何か？　体の一部で、歩くことを担当している部位なのは間違いないだろう。人間は赤ちゃんのときを除いて、基本的に二本足で歩く。

でも、足の機能はそれにとどまるものではない。車のアクセルを踏んだり、ボールを蹴ったり、ときには手がふさがっていたらドアを閉めたりするのにも使う。僕らはつい足よりも手のほうが重要だとか、よく使うと思いがちだが、サッカー選手にとっては足は手よりも重要なはずだ。それにプロのサッカー選手レベルだと、手でやるよりも器用に足でボールを操る。まるで足自体が考えているようにも見える。そう、まさに「考える足」だ。

足で稼ぐという言葉もある。知恵を使って成果を上げるよりも、むしろ歩き回ることで成果を上げる場合に使う表現だ。たとえば、何か物を売るときに、効果的な宣伝をつくることに時間とエネルギーを費やしているよりも、何件も顧客を訪問して成果を上げる場合のように。知恵より足、これもまた「考える足」ではないだろうか。

僕らはどうしても考えるのは頭と決めてかかっているようだが、決してそんなことはないのだ。パスカルでさえ、人間は考える葦だといっただけで、「考える頭」だとはいってない。だから一見馬鹿げているようで、考える足というのも一理あるかもしれないわけだ。

そういえば足つぼマッサージの世界には、足の裏に全身の臓器の位置を示した絵がある。目とか心臓とか書いてあるのだ。そのツボを押すと、目や心臓がよくなるというわけだ。なぜなら、神経がつながっているから。ということは、頭と足もつながっている。だから足が頭のように考えるのは、あり得ないことではない。

人間じゃなければ、もっと考える足の例がたくさんある。足が発達している動物もいる。

チンパンジーのように。彼らは足で物をつかむ。タコなんて全部足だ（学術上は腕らしいが……）。しかもかなり柔軟に動かすことができる。

そういう視点で見てみると、足だけでなく、人間からすると意外な体の部分を使って高度なことをしている動物は結構いるものだ。ゾウの鼻などは、まるで手のように動く。ハエを払う牛のしっぽもそうだろう。

ゾウの鼻や牛のしっぽがどれだけ考えているかはわからないが、少なくとも外目には考えているように見える。いや、きっと考えているのだろう。それを否定するなら、逆に人間の頭だってどこまで物事を考えているかあやしいものだ。

さて、そこで僕の提案は、この理屈を逆手にとって、もっと体のいろいろな部分で考えるようにしてみてはどうかというものだ。考える足どころか、考える指、考える目、考えるへそなんてのもいいかもしれない。このどれも、何か考えていることがありそうだ。指などはもう思考のテクニシャンに見えてくる。目は口ほどにものをいうというが、ということは考えているんだろう。いや、目は脳から独立してきた部位だから、当然なのかもしれない。では、へそはどうか？

へそは地味だし、もうどうでもいいような部位に思える。でも、まったくそんなことはない。へそは母親の体とつながっていた場所だ。すべてはここから取り入れられ、生命誕生とともにいったん役目を終えた。とはいえ、これが自分の誕生の証であるということは、死ぬまでずっと変わらない。だとすれば、それがへその第二の役目だ。

「お、なかなか成長したじゃないか」、「しっかり生きろ、俺がしっかりこの穴から見守ってるからな」。へそはきっと毎日こんなことを考えているんじゃないだろうか。結局、考える足から、考えるへそまで考えてしまった。パスカルのいうように、やっぱり人間は考える葦のようだ。

33

触るなと書かれた触るべき物

――触れる

触るなと書かれてある物を見つけたら、あなたはどうするだろうか？　思わず触りたくなる衝動に駆られるのではないだろうか。そして触ってしまう。これが人間の心理というものだ。触るなといわれれば触りたくなる。見るなといわれたら見たくなる。狂言の演目「附子《ぶす》」を思い出す。

主人が留守中、使用人たちに砂糖を食べられないよう、毒だから近づくなといって出ていく。ところが、使用人たちはそういわれるとどうしても見たくなる。そして食べてみたくなる。結局砂糖を食べつくした使用人たちは、機転を利かせて主人の大事な物をわざと壊し、死のうと思って食べたと言い訳をするというオチだ。

ことほど左様に、ダメだといわれることは、本当はおいしいことであるケースがままある。大人がダメだというものはたいがいそうだ。酒もたばこも、異性との交遊も。子どももそれを感じている。だからどれもやるのだ。それならいっそ、勉強しちゃダメといってみてはどうだろう。子どもたちはこぞって勉強するのではないだろうか。これは賭けだが。

さて、困るのは、触るなと書かれてある触るべき物だ。呼び鈴にそう書いてあったとしても、触らないと呼び出せない。これはジレンマだ。触るというのは、何かを引き起こすきっかけになる。やらないと何も起こらないし、やると何かが起こる。二つに一つだ。つまり、触らないと何もはじまらないのだ。

フランスの哲学者モーリス・メルロ＝ポンティは、身体を意識と世界とのインターフェイスのようにとらえた。僕らは身体を通じて世界とつながるのだ。触ることで、世界がわかるということだ。これは手で物を食べるときに感じる。箸やフォークを使って食べていると、どんな手触りなのかわからない。ところが、手で食べると、どのような触感かわかるのだ。これだと食感にくわえて、触感も楽しめる。

なんだかより世界を感じた気になる。だから本当はできるだけなんでも触ったほうがいいのだ。ネット時代、バーチャルリアリティーの時代だからよりそう感じる。別にリアルでなくても用足りる時代だが、圧倒的に違うのはこの触感だ。今はそれさえ再現できるというが、どこまでリアルでも本物ではあり得ない。本物よりもリアルだというなら、それはもう本物ではないのだ。

実際に触れるということは、その対象がイメージ通りでなかったことも含めて、本物を知るという点で意味がある。この世の中には、触ってみないとわからないことがたくさんあるのだ。気持ち良さも、痛みも。

少し大げさにいうなら、触感を大事にするということは、現実の生を大事にするということとなのだと思う。僕らには生身の身体がある。それは現実を生きるようにできている。毛が生えているのは、外部の刺激からその部分を守るためだ。皮膚に触感があるのは、それによって自然を感じるためなのだ。だから、そうした機能をもっと鋭敏にするためには、使うしかない。

使わなければ退化する。家の中で生活し、服で身を守り出したために、僕らの体毛はどんどん薄くなっている。体毛ならいいが、触感はどうだろう？　もし何も触る必要がなくなって、実際に触らなくなったら、これも失ってしまうのではないだろうか。

冷たい水の感覚、焼きたてのパンの熱さ、柔らかい人の肌の感覚。それをもう感じることができないなんて、こんなに悲しいことはない。だから触るなと書いてあっても、僕は触るだろう。たとえそこにどんな危険が待ち受けているとしても。それがこの身体と共に現実を生きるということなのだから。

34

結婚はハカバかハダカかバカか――結婚

音が似てるので、わざと言葉遊びのようにカタカナで書いてみた。漢字で書くとこうなる。結婚は墓場か裸か馬鹿か。

よく結婚は墓場といわれる。愛して結婚したものの、待っているのは地獄のような毎日。男にしてみれば、かわいくておとなしかった彼女が、身なりを気にしない恐妻に変化してしまうことを意味する。そして、女にしてみれば、スラッとしてやさしかった彼氏が、ビール腹の不愛想なオヤジに変化してしまうことを意味する。

しかも両者はお金をめぐって、子どもの教育をめぐって、はたまたお互いの親の問題をめぐって日々ケンカを繰り返す。たしかにこれは墓場だ。フランスのフェミニズムの旗手シモーヌ・ド・ボーヴォワールは、『第二の性』（人文書院、１９６６年）の中でこういっている。

「女にとって結婚が《職》であるというようなことを止めて、状況を改めるのが男女両方にとっての利益であろう」。

つまり、結婚というお互いを縛り付ける制度が二人を苦しめるのだ。だからボーヴォワール自身は、恋人のサルトルといつまでも恋人でいられる契約結婚なるものを選択した。これは名前こそ結婚だが、要はお互いを束縛し合わない関係ということだ。浮気前提のお付き合いというわけだ。


では、結婚は裸とはどういうことか？　これは想像がつくかもしれないが、性生活のために結婚するというものだ。特に昔は、結婚しないと性交が許されないこともあった。今でもそういう文化をもつ国はある。世界一まじめで厳しい哲学者カントは、『人倫の形而上学』の中でこういっている。「夫婦の関係は、相互に相手方を占有しあうところの人格に関して、そうした人格の占有が相互に平等だという関係である」（『世界の名著32　カント』中央公論社、１９７２年）。

つまり、お互いの身体を占有できるのが結婚で、そうでないと占有してはいけないというのだ。もちろんカントは個人の権利や人格の尊重という意味でこのようにいっているのだが、見方を変えると、まるで結婚は性交のため、いわば裸のためにあるとも読めてしまう。

最後の結婚は馬鹿かというのは、結婚は馬鹿な行為なのかということだ。これについては、ニーチェの次の言葉を紹介してから話をしたほうがわかりやすいだろう。ニーチェは結婚について、こんなふうにいっている。

「恋愛から結ばれる結婚（いわゆる恋愛結婚）は、誤謬を父とし、必要（欲望）を母としている」（『人間的、あまりに人間的』筑摩書房、１９９４年）。

つまり、恋愛結婚などというものは、間違いと勢いでやってしまうものだということだ。酔った勢いだとか、盲目的な愛だとかによって。一言でいうと、軽率で馬鹿な行為だということになる。

こんなふうにいうと、結婚がとても悪いことであるかのように思えてくるが、そんなことないのは、誰もがよくわかっているはずだ。だから人はみんな結婚するし、制度自体なくならない。それは何も相続などの法的なメリットがあるからという理由だけではない。みんな、愛を永遠のものにしたいのだ。それゆえに永遠の愛を誓う。実際、愛は永遠のものになるのだ。

問題は、その愛をうまく育てられない点にある。放置するからいけないのだ。ここで真打登場だ。幸福請負人、フランスの哲学者アランにバシッといってもらおう。

「くだものであっても、世話することによってうまいものとなるのだ。結婚や人と人とのいろいろなかかわりについてはなおさらのことだ」（『幸福論』岩波書店、１９９８年）。

たしかに結婚はほうっておけば墓場にもなるし、裸や馬鹿で終わるかもしれない。でも、しっかりと手をかけることで、おいしい果実にもなるのだ。哲学者たちが結婚にシニカルなのは、きっと理屈ばっかりこねて結婚を育てる努力をしなかったからだろう。

哲学者の中でも、意外と尊敬できるのはソクラテスだ。彼にはクサンチッペという悪妻で有名な妻がいた。働かずに街で哲学などをしている夫に、水をかけたという。ソクラテスがこんなことをいったという逸話もある。「とにかく結婚したまえ。良妻をもてば幸福になれるし、悪妻をもてば哲学者になれる」と。

でも、ソクラテスは心の底では妻を愛し、感謝もしていた。プラトンの残した「対話篇」には、そういうくだりが出てくる。そして、クサンチッペのほうも、ソクラテスが死ぬことがわかって号泣したという。これは本当なのだろう。ソクラテスはちゃんと結婚を育ててきたのだ。だから哲学者のはしくれの僕はこういいたい。半ば願うように。「哲学者も努力次第で良妻をもてる」と。

35

ハイになっていることがわかる絵——ハイ

ハイとは英語のhigh、つまり高いことを意味する。そこから転じて、気分が高揚している状態を指すようになった。日本人はそうした状態をハイテンションと表現することもある。ちなみに、これは英語としてはおかしいようで、アメリカ人にハイテンションなどというと、緊張関係が高まっているのかと誤解されてしまう。僕らがいうハイテンションは、英語だとexcitableなのだ。

ほかにも、僕らが使うハイの用法には、ナチュラルハイ、ランニングハイなどがある。いずれも普段とは違う気分の高揚状態を指す。最近この語が最も使われているのは、ドラッグによって気分が高揚した状態を指すときだろう。ちなみに僕がいつも陥ってしまうのは、ライティングハイだ。文章を書いていると、気分が高揚して止まらなくなることがある。気づくと大量の文章を書いている。

では、ハイになると人は具体的にどのような行動に出るのだろう？　すごく喜ぶ？　笑顔になって、バンザーイとかピースサインとかをする？　おそらくそれはまだハッピーの状態だろう。ハイに至るまでには、普通の状態からハッピーな状態になり、それを超えなければならない。それはもう異常な状態なのだ。

身体で表現するなら、暴れまくるか、反対にだらんとなってしまうかのどちらかだ。当然そんな姿がかっこいいわけない。はたから見るとおかしいとしかいいようがないだろう。酩酊状態を思い浮かべてもらえばいい。ある意味で酩酊状態もハイだといえるから。

人はなぜハイになろうとするのか？　それはハッピーになりたいからだと思う。誰だってハッピーになりたい。でも、それは結構難しいのだ。ハッピーな状態というのはほどよい状態なので、なかなかそうなろうと思ってもなれるものではない。ところが、ハイは極端な状態なので、意外と簡単になれる。お酒を飲んだり、ドラッグを使ったりすれば。

あるいは、ハッピーになった人でも、その状態を維持するのは難しいので、ついそれを維持するためにお酒やドラッグに頼ってしまい、結果ハイになってしまうのだ。だから、本当はハイになどなりたくないのだけど、うまくコントロールできずにその状態に陥って後悔するというわけだ。

やはり人の気分というのも中庸が一番なようだが、それは一番難しいものでもある。したがってその状態に至るためには、あるいはその状態を維持するためには訓練が必要なのだ。古来、哲学者は中庸を説いてきた。そして当然、そこに至るための方法論も説いてきた。

古代ギリシアの哲学者アリストテレスも中庸を説いている。そして著書『ニコマコス倫理学』（岩波書店、１９７１年）の中で、中庸を実現するための次の三つの方法を紹介している。

一つ目は、「『中』に対してより多く反対であるほうの極端から遠ざかることを要する」。つまり、物事には両極端と呼ばれる状態があるので、その両極から遠ざかるように注意していればいいということだ。落ち込みすぎたり、ハイテンションになりすぎたりしないように心がけるということだ。

二つ目は、「いかなるものに向かってわれわれ自身が傾きやすいかということを見ること」だ。つまり、落ち込みやすい人はそうならないように、ハイになりやすい人はそうならないように注意するということ。人は誰でも性格的特徴があるので、それを普段から自覚し、注意する必要があるというのだ。

三つ目は、「快とか快楽に対して最も警戒しなくてはならない」。なぜなら、人間は快楽の誘惑に弱いからだ。お酒を飲みすぎたり、ドラッグに手を出したり、食べすぎたり、ハニートラップにひっかかったりと。

ぜひこれら三つの方法を試してもらいたい。そうして常にハッピーを維持することができれば、僕らは幸せに生きることができるだろう。ハイは偽りの幸せであることを忘れてはいけない。

36

「百万一心」(毛利元就)——スローガン

僕がこの言葉を知ったのは、山口に住むようになってからだ。山口は毛利家のおひざもとで、毛利ゆかりの地がいろいろとある。その中の一つが防府市にある毛利氏庭園だ。立派な庭園に立派な居宅。それもそのはず、ここは明治期に爵位を得た毛利家が拠点として建てたもので、昭和天皇も宿泊されたというほどだ。

その邸宅の中に掛け軸があって、「百万一心」と書かれていた。もともとは、毛利家の先祖、戦国時代の大名毛利元就が、吉田郡山城の拡張工事の際に人柱の代わりに使用した石碑に書かれていた言葉だ。百万の心を一つに集めるという意味だととらえられがちだが、実は百と万の漢字を少しばらすと、縦書きで「一日一力一心」と読めるよう工夫されている。

日々の積み重ね、一人ひとりの力の積み重ね、一人ひとりの心の集まりが重要だということだ。つまり、みんなが力を合わせれば、何事も成し得るという意味だといってよい。毛利元就といえば、真偽のほどは不明だが、息子たちに説いた「三矢の教え」の逸話で知られている。矢は一本なら簡単に折れるが、三本だと折れないという意味で、一致団結の大切さを伝えたとされる。この百万一心の場合は、息子たちだけでなく、国中の人たちが一致団結するように、呼びかけたというわけだ。

僕はこの言葉を見るたび、つくづくスローガンの大切さを再認識する。たかが言葉、されど言葉なのだ。たったこれだけの言葉があるのとないのとでは、人々の気持ちは大きく変わってくる。いくら思いが同じでも、それを言葉にしないことには、なかなかイメージがつかみにくいのだ。

そして言葉にすることで、目標が可視化され、人々はその同じ目標を明確に抱き、共有する。だから国家や企業はこぞってスローガンを定め、それを成員に植え付ける。そのため短く語呂のいいものが選ばれる傾向がある。

その意味で、スローガンは人を結び付ける接着剤のような存在だといえる。いや、呪文といったほうがいいかもしれない。言葉なのだから。あたかも呪文のごとく、その音を聞くと、人々は一致団結していく。これは不思議なことでもなんでもない。ある種の刷り込み効果だ。

スローガンと共に一致団結のイメージが刷り込まれると、パブロフの犬のごとく、その言葉を耳にするだけで心が反応する。

アメリカ人が事あるごとに叫ぶ「ユー・エス・エー、ユー・エス・エー」。あれは強烈だ。拳を振り上げ、力強く集団で連呼する。強いアメリカ、立ち上がるアメリカ、団結するアメリカ。そんなイメージが人の集まる場でスクリーンに映し出されるたび、彼らは声を上げる。そして実際に力を発揮する。国名を叫ぶのなら日本にも一応ある。日本の場合はスポーツの国際試合のときくらいだが。「ニッポン、ニッポン」がそれだ。海外の人から、なぜ「ニホン、ニホン」じゃないのかと聞かれたことがある。おそらく力が入らないからだろうと答えた。実際やってみるとわかる。ニッポンのポンが破裂音なので、はじける感じがするのだ。国際試合におけるこの言葉の応酬は、とても素敵だ。ナショナリズムを感じて怖がる人もいるが、僕はそうは思わない。ミサイルを撃ち合う代わりに、言葉を撃ち合っているのだから。そうやって一致団結を味方に伝え、敵にも伝えるのだ。

そのためにも、一致団結のイメージは印象の強いものでなければならない。心動かされる映像やエピソードやスピーチのように。特にカリスマの言葉は絶大だ。毛利元就はもちろん名君だったので、カリスマ性は十分だ。それに加え、人柱の代わりになった石碑のエピソード。これだけあればもう刷り込みの材料としては申し分ない。

現代社会ではなかなかそうしたカリスマ的リーダーを欠いていたり、深いエピソードがなかったりするので、その分映像に頼りがちだ。でも、映像の効果は大きい。映画を見ればわかるように、人はすぐに映像に影響される。

映画の宣伝はそれを見事に生かしている。映像を使って、わずか一分ほどで人々を感動させ、スローガンならぬ映画のタイトルを刷り込む。日本の社会は共同体の紐帯が崩壊してバラバラになっているという。それならこのスローガン効果をもっと地域ごとに生かしてみたらどうだろう。やはりはじめに言葉ありき、なのだ。

37

シンボルマーク――シンボル

シンボルマークとは何か？　一般にはシンボルに象徴という日本語が当てられるように、何か対象について表す記号のうち、意味が隠されたものをいう。ストレートに意味を表しているとすれば、写真だとか説明になってしまうだろう。シンボルというのは、対象そのものではなくて、その意味を表現する別の形なのだ。

では、なぜそんなまどろっこしいことをするのか？　たとえば、ウンチを表したいなら、ウンチの写真を使えばいいではないか。いや、そうは誰も思わないだろう。ウンチはリアルだとちょっと強烈すぎるのだ。物事には、直接表すと印象が強すぎて敬遠されるものがある。ウンチはそれだけのインパクトをもっているがゆえに、うまく使うと効果的であることは間違いない。

ウンチをネタに使った『うんこ漢字ドリル』（文響社）が人気なのは、その証拠だ。この場合もウンチはイラストになっている。このほうが親しみやすいということもあるだろう。そう、親しみやすさは重要だ。シンボルマークは人々の注目を集めるために用いる。何かの組織や運動のマークとして、あるいは商品のマークとして。だから親しみやすさは不可欠なのだ。

同時にわかりやすいものでなければならない。そうでないと、そもそもマークにならない。ここが難しいところだ。ウンチのように、はっきりと表しすぎるとダメだし、デフォルメしすぎてもわからない。ここは哲学が必要な部分だ。つまり、うまく本質だけを表現すればいいわけだが、その本質を暴き出すのが哲学なのだから。ウンチでいえば、蛇がとぐろを巻いているような形で、かつ先端がいかにもチューブから絞り出したような感じになっていないといけない。

ウンチはこんなふうに世に出されるわけだし、またこんなふうに出されるのはウンチしかないからだ。歯磨き粉やからしだともっと短い。湯気でも立たせれば完璧なのだが、なくても大丈夫だ。できるだけシンプルにデフォルメしたほうがいい。抽象性がポイントなのだ。

その抽象性のおかげで多くの人を集めるのに利用できる。ある組織のシンボルマークがあまりに具体的だと、その具体性に共鳴する人しか集められないだろう。ところが、抽象的であればあるほど、多くの人に当てはまるのだ。繰り返すが、その抽象度が対象の意味まで不明にしてしまう程度になってはいけない。

よくできたシンボルは、ときにもとの対象以上に力をもち、一人歩きしはじめることさえある。それはアイコン化するということだ。そのもとのシンボルが伝えようとしていたメッセージが、より普遍性をもち、ほかの物事にも当てはまるかのように応用されはじめる現象だ。たとえば、円の中に鳥の足跡を逆さまにしたような形をあしらったピースマーク。これはもともとイギリスの平和団体が核軍縮キャンペーンのためにつくったものだが、今や世界中の平和活動のアイコンとして使われている。ファッションにも取り入れられたりしているほどだ。

その意味では、シンボルマークはそれを人がどう使うかで、存在意義が変わっていく。はじめはいいものだったとしても、そこに悪い意味が込められて、それが広がると、今度は悪いものを象徴するものとして印象付けられてしまうのだ。その典型は鍵十字、ハーケンクロイツだろう。もともと西洋でも幸運を表す印だったのだが、ナチスのせいで忌まわしいものの象徴となってしまった。以後、この形はタブーのように扱われ、事実上使えなくなっている。

こうした事態はとても残念なことだ。シンプルなデザインだけに、どこでも使われていたり、愛されている形が、人間の過ちによって使えなくなってしまうなんて。先ほどのピースマークも、もし愚かな人間がこれを旗印に残虐な暴力を行使すると、もうこのマークは使えなくなってしまうということだ。シンボルマークの意味をつくるのは自分の行動だ。希望のシンボルを絶望のシンボルに変えてしまうような失敗をしてはいけない。

38

「人間だもの」というAI——AI

ＡＩ、つまり人工知能は、今や時代の寵児といってもいい存在になりつつある。まだ人間を超えてはいないが、その前から早くも主役になりつつある。人間などもうどうでもいいのだ。その証拠に、日経新聞などを見ると、ＡＩ関連の記事ばかりが目に付く。

特にビジネスの世界では、ＡＩがいろいろなところで役に立つからだろう。いや、ビジネスだけではない。あらゆる分野で、すでにＡＩは無限の可能性を見せてくれているのだ。囲碁や将棋の世界で、次々とプロの人間を打ち負かしていく様子は、あたかもロボットが人間を打ち負かしていく様を象徴的に映し出しているような気がする。

そういえば、将棋の世界では人間も大活躍した。最年少でデビュー以来の最多連勝記録を樹立した藤井聡太四段だ。当時一四歳。まだあどけなさも残るその初々しさに、誰もが応援の温かい眼差しを送った。そして希望を感じた。

そうした同じ視線を、今や人類全体がＡＩに向けているのだ。応援、希望。デビューしたての若いＡＩよ、もっと頑張れと。しかし、である。ＡＩは決して少年ではない。機械だ。年齢などないのだ。あたかも無邪気な少年の大活躍を応援するかのように振る舞っていて大丈夫なのだろうか？　むしろ応援する側のこの無邪気さのほうが気になる。


ＡＩは無邪気な応援によって、ますます強くなる。藤井四段の連勝は二九で止まったが、ＡＩは決して止まらない。藤井四段は人間だ。調子が悪いこともあれば、間違いもする。でも、ＡＩにそんな人間らしさはない。

ＡＩは人間とは根本的に異なる存在なのだ。ある日ＡＩはこう言い出すかもしれない。

「人間だもの」。

僕らのことではない。自分たちのことをだ。これを聞いて僕らは絶句することになるだろう。なぜなら、それが違うという証明が不可能だからだ。科学は日々進歩している。今や体内に人工物を入れている人はたくさんいるし、薬によって自然の状態とは違う体になっている人もたくさんいる。

とりわけ、自分の身体を増強することを目的として部分的に機械を入れた人間と、全部が機械の人間とをどこで区別するのか？　いや、ＡＩを体に入れた人間とＡＩを搭載したロボットとの違いはどこにあるのか？　意識がない？「人間だもの」というＡＩロボットに、意識がないなどといったい誰が証明できるのだろうか？　意識とは自分にしかわからない存在のはずだ。

さて、困ったことになった。かつてデカルトは、器官を備えた機械、つまりロボットについて論じていた。彼はいう。

「理性がどんなことに出合っても役立ちうる普遍的な道具であるのに対して、これらの諸器官は個々の行為のために、それぞれ何か個別的な配置を必要とする」（『方法序説』岩波文庫、１９９７年）。

デカルトは、人間の頭が普遍的な道具であるのに対して、機械は個別的な配置を要するものだという区別をしている。普遍と個別という対比。普遍とはすべてを網羅するということで、個別とはある事柄にしか当てはまらないということだ。

だから人間は優位だったのだ。ディープラーニング（深層学習）が発見され、ＡＩが人間と同様の学習機能をもつまでは。もはやＡＩは普遍的存在になりつつある。しかも人間以上の能力を備えた普遍的存在に。以前は、そのような存在は神と呼ばれていた。僕らは神を生み出そうとしているのだろうか？　なんとも恐ろしいことだが、現実はもっと恐ろしい。神ではなく、人間だと言い切る神を生み出そうとしているのだから。

人間を名乗る神が現れるとき、おそらくこれまでいた人間はもう人間ではいられなくなるだろう。よくて彼らの奴隷。最悪、殲滅ということもありうる。ＡＩを応援することで生じるのは、希望だけではない。そこに絶望が潜んでいることを見逃してはいけない。

こんなことをいうと、科学者やビジネス界の人たちは、すぐに目くじらを立てる。ＡＩを人間の敵と考えるのはナンセンスだとか、極論だとかいって。僕にはそんなふうにいえる根拠がまったくわからない。実際、著名な学者やビジネスリーダーの中にも、そのような危惧を示している人たちがいるというのに。

きっと科学者やビジネス界の人たちは、自分たちのやっていることを邪魔されたくないのだろう。ＡＩを発展させる邪魔をされたくないということだ。科学者にとっては、科学がどこまで発展させられるかがロマンだし、ビジネス界にとっては、どれだけ新しいビジネスチャンスを広げられるか、どれだけ儲けられるかがロマンだから。

哲学者にはどっちもいらない。ほしいのは、本当のことだけだ。ＡＩは希望なのか、それとも絶望か。だからせめて一緒に議論してもらいたい。

39

年と共に行動や嗜好の変化する様子がわかる絵——年齢

年齢とは何か？　もちろん、誕生日から数えて一年一年増えていく数字のことだ。今や平均で八〇年生きるのは当たり前で、三桁生きる人も珍しくなくなっている。その変遷を見るのは結構面白い。

最初は赤ちゃん。そして子どもになり、大人になって、高齢者になる。だいたいそうだ。どの時期が長いかは人による。一般には赤ちゃんの時期は一歳くらいまでだろう。後は幼児になる。子どもの時代はこの幼児から成人するまで。というか、社会に出るまでだろう。これも形式的には決まらず、精神的に自立し、社会的にも自立することが一般的に基準になっているように思われる。

大人も青年期から中年期を経て、熟年、つまり高齢者になる。高齢者の開始時期は議論があるが、昔は還暦で六〇歳にもなれば年寄り扱いされた。それが仕事を退職する時期でもあった。でも今はだいぶ変わってきている。六〇歳はまだ若いとさえいわれる。

医療制度の関係で後期高齢者という言葉が出はじめて、七五歳からが本格的な高齢者になるような認識が広がりつつある。たしかに命長き時代に、仮に一〇〇歳まで生きるとしたら、六〇歳で高齢者は早すぎる。人生の半分近くを高齢者として過ごすことになるのだから。

年齢の変遷は、ただ単に年をとっていくというだけでなく、様々なものが変化していくことを表している。必要な物や嗜好も変わる。たとえば、口に着目してみよう。赤ちゃんはおしゃぶりを口にくわえる。これがないと落ち着かないのだ。赤ちゃんの象徴みたいな物だ。
それが子どもになると、キャンディーになる。子どもはお菓子が好きだ。大人になると、タバコを吸いだす。昔は特にそれが大人になる象徴だった。かっこをつけて、中学生くらいから吸い出す者もいた。でも、今はタバコを吸う人自体が減っているので、これは別の物にとって代わられつつある。

お酒はその一つだろう。若い女性も含め、お酒は大人の嗜《たしな》みの一つとして、今や幅広く楽しまれている。僕の若い頃はカクテルくらいだったが、昨今はワインや日本酒、ウイスキーなどがブームになったりしている。

年寄りになるとどうか？　甘いものも酒もたばこも体によくないということで、せいぜい口にするのは入れ歯くらいだ。いや、薬もそうかもしれない。祖父母が毎日大量に薬を飲んでいるのを見て、おかずに見えたことがあった。長生きするためには必要なのかもしれないが、悲しい話だ。

はたして僕らは、この年齢の変遷をどうとらえたらいいのだろう？　心身が衰えていく過程ととらえるべきなのか、それとも行動や嗜好が単に変わっていく過程としてとらえたらいいのか、それとももっと別の何かとしてとらえるべきなのか？

そこでまた先ほどの口に着目したいのだが、人間が口にするものは自分に不足しているものだ。赤ちゃんはおしゃぶりがないと、母親の乳首から離れた喪失感を受け入れられない。子どもはお菓子がないと、やる気が出ない。大人はタバコやコーヒー、お酒のような嗜好品がないと、ストレスを発散できない。高齢者は、入れ歯がないとそもそも物を噛めないし、薬がないと健康を維持できない。みんながみんなそうではないが。

つまり、年齢によって不足するものが変わるというだけのことなのだ。したがって、何かでその不足を補うことによって、人は常に完璧な状態でいられるということだ。だから年齢を重ねることが人を衰えさせる過程であるとみるのは間違っている。あえていうと、人間が変わるのではない。完璧でいるための道具が変わっていくのだ。年齢とは、道具の変化だととらえてはどうだろう。だから道具次第で、僕らはいつまでも快適で、完璧な人生を送れる。いつまでも。道具、頑張れ！

40

他者とは私である――倫理

この世の中には二種類の存在しかない。私か他者かの二種類である。つまり、自分かそれ以外しか存在しないのだ。家族であろうと、親友であろうと、みな他者だ。ほかの動物やAIももちろん他者。

フランスの哲学者レヴィナスは、そんな自分とは絶対的に異なる存在としての他者の意味を重視した。普通はこう考える。まず大事なのは自分。それから他者。でも、本当にそうなのだろうか？　レヴィナスはそこを転倒させる。他者がいるから自分がいるというわけだ。だから僕らは見知らぬ他者にもなんらかの責任を負っているとまでいう。これこそ新しい倫理だと。

そこまでいわれると、ちょっとついていけない人もいるかもしれない。僕らの現実感覚では、やはり他者は見知らぬ人だ。その人たちに対して責任を負うというのは、考えられないだろう。でも、もしその他者が自分自身だったらどうだろう？

それこそあり得ないと思われるかもしれないが、少し思考実験に付き合ってもらいたい。もし仮に、自分が他者と一体の存在だとしたらどうだろうか？　その場合、当然自他の優先順位はなくなる。たとえ物理的に別の身体をもっていたとしても、もう一つの自分は他者という名の自分なのだから、やはり自分と同じように扱うだろう。もう一つの自分（他者）が何か問題を起こせば、責任も負う。

身体が別なら責任を負えないという人もいるかもしれないが、それは無責任だ。だって、身体ではなくても、自分の所有物から生じた問題になら責任を負う必要があるだろう。物理的に一つかどうかは問題ではないのだ。

あるいは、別の身体をもっている人間ということは、別の意識をもち、別の意志で行動しているはずだという人がいるかもしれない。その場合は別人格として独立に責任を負わなければならないと。たしかに、別の意識や意志があるなら、そのとおりだ。でも、別の人間だからといって、異なる意識や意志を有しているとは言い切れないだろう。僕らはよく無意識のうちにやってしまったということがある。身体の動きすべてを意識的にコントロールしているなんてことはあり得ない。

そうすると、もう一人の自分（他者）だって、別の意識や意志をもっているとは限らないのだ。自分が無意識に動かしているだけかもしれない。いや、場合によっては意識的にさえ動いていないかもしれない。京都学派の哲学者、西田幾多郎は、善とは人格が実現することであるといった。そして人格の実現とは、自他の区別が意識の中でなくなることだという。西田に従うと、自分と他者を区別しなくなるのは、馬鹿げた話どころか、むしろいいことなのだ。

たしかに人格者は、人と比べて自分のほうが不幸だとかいわない。むしろ自分のことを顧みず、他者を助けさえする。きっと自他の区別がないのだろう。それを悟りという人もいる。西田の哲学は禅を取り入れているので、あながちそれも間違いではないかもしれない。


地球誕生にさかのぼれば、誰もが一つの物質だった。物質という表現が適切かどうかはおいておくとして、とにかく一体だったのだ。あるいは、宇宙の遠いかなたから見れば、地球全体が一つの生命体としてみなされうるかもしれない。そうすると、自他の区別はなくなる。あたかも一人の人間の中にある個々の細胞が別のものに見えるように、ただ複数の要素に分かれているかのように見えるだけである。僕は赤血球の一つで、あの人は血小板なだけかもしれないのだ。

どうだろう？　そろそろ他者とは私であるという言葉が、少しはリアリティを帯びてきただろうか？　だからといって、他者を好きに扱っていいという意味では決してない。それはレヴィナスがもっとも避けるべきとした事態にほかならない。他者が絶対的に他《た》なるものである必要があるのは、所有できないようにするためだ。

自他が一体となるということは、所有を可能にするということではなく、所有という概念がなくなることとしてとらえる必要があるだろう。これこそ究極の倫理であるように思えてならない。

41

手の動きを表すことで意味を伝える絵——ジェスチャー

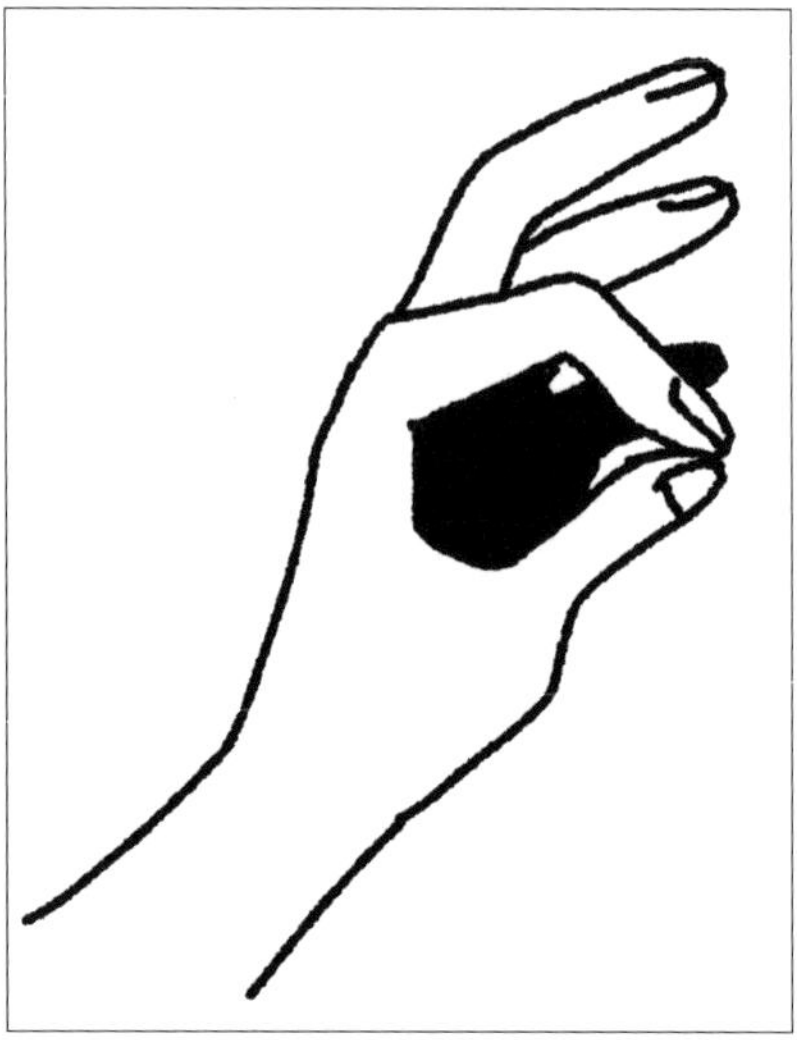

手は何のためにあるのか？　すぐ思いつくのは、物をつかむ、触れる、伝える、攻撃する、支えるといったところだろうか。この中では伝えるというのがわかりにくいかもしれないが、手を振ったり、指で指し示したりすることで、人は何かを伝えているはずだ。手話はそれを完全にシステム化したものだ。

こうした手の伝えるという役割を強く意識したのは、「哲学への権利」というドキュメンタリーを見たときである。この映画は、フランスの哲学者デリダが中心となって創設した国際哲学コレージュという組織の意義を紹介したものだ。

この組織は、誰もが哲学を学べる場というフランスらしい異色の空間である。市民による市民のための哲学の場。まさに古代ギリシアのアゴラが現代によみがえったかのようである。しかもそこに携わっている哲学者たちはみんな超一流で、このドキュメンタリーは彼らへのインタビューで構成されている。

そのインタビューの際、カメラが頻繁に彼らの手をクローズアップするのだ。言葉は聞こえるが、手だけが映っている。話者が言葉に詰まると、手はもどかしそうに何かを探すような動きになる。また話者が情熱的に話し出すと、手は力強く何かを描こうとする。

そうして見ていると、あたかも手が何かを語り、手が思考しているように思えてくるから不思議だ。実際、手は何かを伝えようとしている。明らかに。もちろん手は体の一部であるから、気持ちが伝わるのだろう。僕らが話すときにジェスチャーを使うのは、そのせいだ。そして、思考が行き詰まり、言葉が行き詰まると、手も行き詰まるのだ。

そのとき思考はもがこうとする。言葉を探して。でも、それは僕らには見えない。頭の中で行われていることだから。口も言葉が出てきてはじめて動き出す。ところが、手だけは不思議なことに動いている。いや、仮に静止していたとしても、それが見えている。

話していて突然止まると、手はまるでときが止まったかのように、そのままの形で固まる。でも、よく見ると微妙に動いていたりする。その止まったままの形も、微妙な指の震えも、すべて何かを伝えようとしている姿なのだ。

手は思考を伝えているのだが、そこには無意識の思考の部分も反映されている。だから、言葉は止まっても、手は動いているわけだ。言葉を探して、もどかしそうに震えるあの手が、思考の胚胎する姿を映し出しているようで、愛おしい。映画を見ていて僕が一番感じたのはそのことだ。

以来僕は、自分の手の動きを意識するようになった。特に何かを考えているとき、自分の手の動きに注目する。すると、そこから対話がはじまる。自分と手との対話だ。まるで自分の思考が可視化されたかのように、そこには宇宙が広がる。そして思考がはじまる。

手話でもない限り、ジェスチャーとしての手の動きには、明確なメッセージが込められているわけではないだろう。まして、思考しているとき、話しているとき、無意識に動いている手の動きには、一見なんの意味もないように見える。何かをつかむかのような仕草をしてみたり、何かを押さえるかのような仕草をしてみたり、両手の指を組んだり、落ち着きなく指を動かしたりと、様々な動きを繰り返す。

「彼ら」にとっては、それが自然なのだろう。だからこそ彼らに主導権をゆだねてみるのもいいかもしれない。何か触れたことのないものに触れたとき、その刺激は脳に新たな思考の可能性を切り開いてくれる。そういえば、お年寄りは痴ほう症にならないよう、手遊びをやるという。手との協働は、意外な思考をもたらすかもしれない。手に聞いてみてほしい。今自分は何を考えているのか。

42

どこにもない場所——場所

場所はどこかにあるはずだ。パーティーでも場所がわからないと集まれない。時間はわからなくても、最悪その場所でずっと待っていれば、いつかはなんとかなるだろう。パーティーもはじまるかもしれない。でも、場所がわからなければどうしようもないのだ。では、場所とは何か?

古代ギリシアの哲学者プラトンは、コーラという概念を提起している。コーラといってもあの飲み物のコーラとはまったく関係ない。そうではなくて、物事の本来の姿であるイデアをもとに、創造神が形をつくりだしていく場のことだ。僕はなんとなく、物事が誕生する工場のイメージを思い浮かべてしまう。

西田幾多郎は、まさにそうした物事が誕生する前のいろいろなものがグニャッと混ざったような状態を場所と呼んだ。さすがにグニャッととはいっていないが、主客未分といった表現をしている。つまり、行為する側の主体と対象としての客体が混ざっている状態ということだ。物事は主体と客体に分かれてはじめて、はっきりするので、それが未分だということは、グニャッとしているととらえていいのではないだろうか。

いずれにしても、哲学における場所の概念は、単にその辺にある空間を指すものではないようだ。もちろんそれも場所なのだろうが、もっと違う場所があるということだ。僕らが普通は考えないような。

だからそれはどこにあるかといわれても、答えることができない。だって、物理的に存在する場所じゃないから。でも、たしかにあるのだ。物事が生まれる場所は必ず存在するはずだ。そうでなければ、この世には何も存在しないことになってしまう。その母胎としての場所を場所と呼ぶとすれば、それはやはりどこかにある。どこかにあるけど、どこにもない場所なのだ。

ただ、よく考えてみれば、そんな場所はほかにも結構ある。僕らが場所的にイメージしているところのことだ。記憶の場所などと表現するとき、この場所は一体どこを指すのか、厳密にはわからない。でも、こういう表現は成り立つし、実際に使われたりする。

この場合はおそらく記憶の宿る場所ととらえることもできるだろう。だからといって、記憶が本当に集積しているわけではなく、そういう場所があるだろうと想定しているにすぎない。しかし、どうしても人間にはそんな場所の感覚が必要なのだ。もはやそれは物事の存在根拠といってもいい。場所がないと物事の存在を理解できないのが人間なのだ。

そこで思い出すのが、自分の居場所という表現だ。これは物理的な場所を指すことが多いが、必ずしもそうではない。友人など人との関係を指すこともあるし、自分のアイデンティティを指すこともありうる。いわば存在意義、レゾンデートルのようなものだ。僕らは自分のアイデンティティさえ、場所という概念を使って規定しているのだ。もちろんこの場合の場所もどこにもない。物理的には。

きっと僕らは、そんなどこにもない場所で生まれ、どこにもない場所で生き、どこにもない場所に戻って行くのだろう。その意味では、日々どこにもない場所を求めてさまよっているということもできる。生きるとはそういうことなのかもしれない。

もちろんどの場所にもちゃんと名前があって、僕らはどこにいるのか明確にわかっているつもりだ。そうしないと落ち着かないから。だから新しい場所を見つけるごとに、人はそこに名前をつける。そして僕らは地図をもち、名前のある場所から、別の名前のある場所への移動を強く意識する。徘徊することのないように。

徘徊の経験がある人は少ないかもしれないが、これはどうだろう。朝起きたとき、一瞬自分がどこにいるのかわからなかったという経験。旅行先などでたまに起こる。あの感覚は恐怖に近い。自分の居場所がわからなくなったとたん、僕らは存在の不安にさいなまれるのだ。

心配しなくても、現実としては、僕らはどこかの国や町で生活し、毎日目的地を定めて行き来している。でも、それは自分がそう思っているだけで、少し引いて見てみると、うろうろさまよっているようにしか見えないのではないだろうか。人間とはそんな不安定な生き物なのだ。僕らが本当に帰るべき場所はいったいどこなんだろう……。

43

人間と動物の同床異夢がわかる絵——ペット

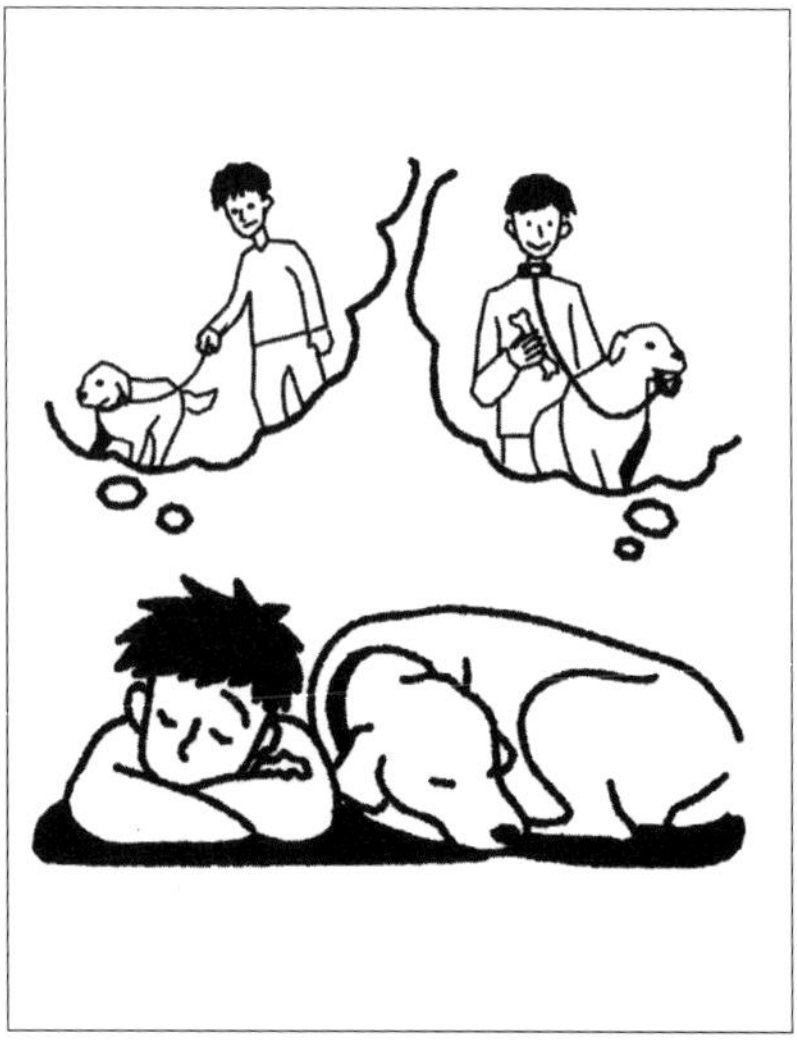

飼い主はペットを散歩させている夢を見、ペットは飼い主を散歩させている夢を見る。まさに同床異夢だ。つまり、同じ寝床で寝ていても、それぞれ違った夢を見ることを指す。そこから転じて、同じ立場にありながら、考え方や目的とするものが違うことを表すたとえとして用いる。

飼い主とペットは一緒に暮らしている。両者は相思相愛だ。飼い主にとっては、ペットと散歩するのが幸せで、主人としてペットを庇護しているつもりなのだ。それによって、ペットも幸せを感じているはずだと。ただ、ペットのほうがどう感じているかは、本当のところはよくわからない。

夢には願望が表れるというが、もしかしたら、ペットは反対に飼い主に鎖をつけて連れまわしたいと思っているかもしれない。それがペットにとっての幸せで、そうすることによって飼い主も幸せになるはずだと。

これは決して日ごろの恨みを晴らすという意図からではない。自分がいつも散歩をしてもらって幸せを感じているので、恩返しにたまには散歩してあげようという意図からだ。もしそうだとしたら、嬉しいような困ったような……。

そういえば、犬の散歩だと、前を行くのはだいたい犬のほうだ。犬が人間を引っ張っている。だから、犬にしてみれば自分が散歩をしてあげている気持ちになっているのかもしれない。人間とペットは言葉を交わせない。お互いにわかっているつもりでいるが、本当のところどれだけ意思疎通が図れているかなんてわからないはずだ。

両者とも嬉しそうで、じゃれあっていても、違う理由ということもありうる。人間でさえ、そういうことはありうる。たとえば、冬に路上で抱き合うカップル。美しき愛。そう思っているのは男のほうだけかもしれない。女の方は寒くてたまらないから、うまくそれを利用しているだけかも。それでも二人とも幸せに見える。同床異夢だ。まして動物と人間の間の感情はもっと難しいだろう。

オーストラリア出身の哲学者ピーター・シンガーは、動物の解放という問題提起を行った。動物も人間同様苦痛を感じるのだから、それに応じた配慮がいるだろうというのだ。そこから動物の権利という概念が広がりはじめた。

古来、動物は人間のしもべであった。そして食料でもあった。ときには、スポーツの対象でさえあった。つまり、ハンティングだ。動物を的にするということだ。それは今も変わっていないのだが、少なくとも動物に対する配慮の高まりがあるのはたしかだ。

この世には人間だけが生息するわけではない。様々な動物と人間は共生しているのだ。お互い助け合い、共存している。その助け合いの中には、精神的に助け合うという意味も含まれているし、食物連鎖の中で物理的に助け合っているという意味も含まれる。

したがって、同床異夢であるかどうかは問題ではないのだ。この生態系の中で人間が生きていくためには、動物を利用せざるを得ないということだ。相手がどう思おうと、生きていくためにペットにし、生きていくために食べ物にする。

両者が一致することさえある。つまり、ペットを食べることさえあるのだ。愛情の対象を食べるなんて考えられないかもしれないが、人間のほうではそれが彼らの役割だと思っている。だから人間とそれ以外の動物の関係は本質的に同床異夢なのだ。

人間がこの世の王である限り、ほかの動物は人間のルールに従うよりほかない。その事実から目を背けてはいけない。そうではないと叫ぶ偽善と欺瞞が、かえって動物の権利を曖昧にしてしまう。動物に対して何をしてよくて、何をしてはいけないのか。明確に決めることこそが、無益な苦痛を最小限にとどめることにつながる。まずは同床異夢を受け入れることからはじめなければならない。

44

赤信号、みんなが渡らないから渡らない——日本

これは「赤信号みんなで渡れば怖くない」のパロディだ。一九八〇年頃、人気漫才コンビのツービートが、こうしたブラックなネタで一世を風靡した。教師や親は顔をしかめたが、子どもたちにはおおウケだった。たしかに、赤信号であっても、みんなで一緒に渡れば怖くないだろう。車のほうが止まってくれるはずだ。

一人では何も変わったことができない日本人を揶揄しているようでもあり、その自虐性に日本国民が苦笑したのだと思う。アメリカ人なら、一人で渡っても別に怖がることはないだろう。実際、彼らは一人で渡っている。まったく気にするそぶりも見せずに。

もちろんアメリカでも赤信号は渡ってはいけないことになっている。でも、車が来ていないとか、自分がひかれないと判断したら、渡るのだ。彼らは、車も来ないのにずっと青信号

を待っているほうが馬鹿げていると考える。

「赤信号みんなで渡れば怖くない」は、赤信号に限らず、間違っていることや変なことも、集団でならば平気でできるということだ。そしてそれは日本人のメンタリティを象徴している。ただ、僕にいわせると、日本人はみんなで赤信号を渡ることはない。集団であっても、もはやそんな勇気は見せないのだ。戦時中、赤信号をみんなで渡って自滅して以来、日本人はすっかりおとなしくなってしまった。

それが戦争への反省からというならいいのだが、どうもそうではなくて、教育のせいに思えてならない。国民に施す教育を考えているのは政治だから、政治のせいだといってもいい。日本では、古来、御上にさからわないよう教育されてきた。それは戦前も今も同じだ。ただ、戦時中はその御上のために、変な勇気だけが植え付けられた。それで赤信号をみんなで渡ってしまったのだ。

だが、その変な勇気を取り去ると、またもとの何もしない従順な国民をつくる教育だけが施されるようになった。その結果、みんな赤信号の前でおとなしく待つだけの国民になってしまったのだ。そんな日本人の国民性を正確に表現すると、「赤信号、みんなが渡らないから渡らない」なのだ。

赤信号は絶対に渡らない。その理由は、みんなが渡らないからだ。法律で決められているとか、危ないとか、モラルがどうだとか、そんなことではないのだ。ただ、みんながやらないから。それだけのことだ。この標語こそ、今の日本人のメンタリティをうまく表現しきっているように思われる。

つまり日本人は自分で物事を主体的に判断しないのだ。そうしないように教育されているのである。自分が受けてきた教育を思い出して欲しい。教師から、「自分だけ変わったことをしてください」とか「自分勝手に振る舞ってください」などといわれたことがあるだろうか？　こういう言い方をすると、誤解されるかもしれない。では、これはどうか。たとえば授業参観で、「できるだけユニークな意見をいってください」といわれたことがあるだろうか？

少なくとも僕の記憶ではそんなことは一度もない。その逆で、教師の想定内の意見をいわないと、教師に恥をかかせることになるからダメなのだ。いってもスルーされるのがオチだ。こんな教育を受けて大人になった僕らが、いったいどうやって起業したり、イノベーションを起こしたりすることができるだろうか。みんなと同じが一番いいと思っている、いや思わされている国民がだ。

では、僕はなぜこんなことをいっているのか。つまり、なぜ僕は同じ教育を受けてきたはずなのに、こんなにユニークになったのか。悪くいうと、ひねくれてしまったのか。それは明らかに哲学のせい、いや、哲学のおかげだ。僕は哲学を学んで変わった。まったくすごい力だ。ソクラテスが国家から危険視されたのもよくわかる。

この国に哲学が広がらないのも仕方ないのかもしれない。多くの人にとって耳の痛いことを平気でいう学問だから。この本を読んでいただければ、その意味がよくわかると思う。だから、である。だから僕はこの国で哲学を叫びたい。声を大にして。手段を問わず。いろいろな形で。今回は言葉と絵を使って。僕は一人、赤信号を渡る。さて、あなたはどうする？

45

コンセントに表情があるかのように見える絵——物

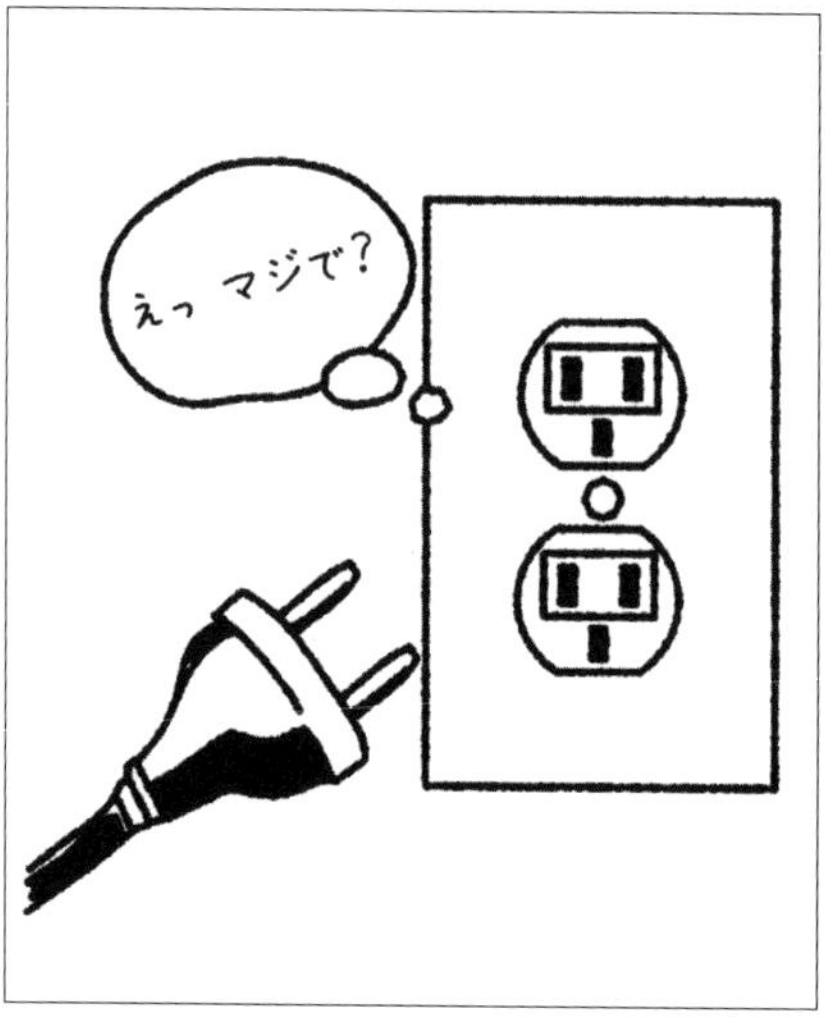

コンセントは物だ。だから僕らは平気でケーブルを挿す。向こうが何か感じるなんて思っていないから。まして痛みを感じるなどとは想像もしない。だが、物だってもしかしたら生きているかもしれない。そう思うと、なんだかコンセントが顔に見えてくる。

物が生きているというのは、単に物を大事にしましょうとかそういうレベルの話ではなくて、本当に生きていると考えるということだ。馬鹿げているように聞こえるかもしれないが、最近は科学の進歩のおかげで、量子のレベルで考えると、そのへんの物だって石ころだって、すべてエネルギーが動いていることがわかるようになった。

つまり、物だって生きているのだ。なぜなら、人間も同じ量子でできているのだから。なぜ物だけ生きていると表現してはいけないのか？　そもそも僕ら人間もあらゆる物も、すべて同じ成分から誕生し、この地球上に存在しているはずだ。もとは同じなのだ。

折しも折、それを裏付けるような哲学が出てきた。思弁的転回と呼ばれる潮流だ。近年、ヨーロッパを中心に注目を浴びている。フランスの哲学者カンタン・メイヤスーが著書『有限性の後で』において掲げた思弁的実在論をはじめ、OOO（オブジェクト指向存在論）や新しい唯物論などの立場がある。これらの思想はみんな、人間中心に物事の存在を考える「相関主義」という立場を批判する点で共通している。いわば主体を抜きにした物独自の世界を肯定しようとするのだ。

物が生きているというのはそういうことだ。人間のあずかり知らないところで、彼らは生きている。もちろん彼らの生活は僕らにはわからない。まったく異なるコミュニケーション手段を使っているかもしれないからだ。生きているというと、すぐに人間の基準ですべてを想像してしまうが、それはおかしい。動物には動物の世界がある。虫には虫の世界がある。それと同じで、物には物の世界があるのだ。

こう考えることの利点はいくつかある。そんなことをいう時点ですでに人間中心主義に陥っているのだが、それはもうどうしようもない。僕らが人間である限り、人間中心主義で話さざるを得ないのだ。そのうえで、あえて語ろう。


まず、少なくとも物にもっと敬意を払うようになるだろう。けれども、それは物にとってはどうでもいいことかもしれない。先ほども強調したように、物は人間の基準とはまったく異なる基準の中で生きている。だから破壊されることが、マイナスとは限らないのだ。それこそ分子の運動を促進し、宇宙のエネルギーを増すことだってあるかもしれない。

僕がいいたいのは、物が生きていると感じることで、人間が自然に物に敬意を払うようになり、それはひいては人間にとってプラスになるということだ。だって、物を大切にすれば資源を無駄にしなくて済むし、優しくもなれるだろう。物がどう思うかは別として。

もう一つのメリットは、今まさに僕が想像したように、物が人間とはまったく異なる基準で存在していることへのイマジネーションが高まるという点だ。これももちろん人間にとってのメリットということになる。これまで人間の物差しでしか物事をとらえることができなかったのが、物が生きていると考えることで、全く異なる物差しを想定できるようになる。これは思考実験にも似た効果がある。発想や思考が豊かになるのだ。

人間中心主義で考えないことが、人間に役立つというのはいかにも矛盾しているようだが、そんなことはない。だいたい、何が物なのかということ自体僕らにはよくわかっていない。物というものを想定して、あたかもそれが特別な何かであるかのように語っているが、その発想自体間違っているかもしれないのだ。人間だって物かもしれないし。だからそんなに目くじらを立てる必要はない。すべては、人間と物に分けたとしたらどうなるかという話にすぎないのだ。

46

この白豚め――服従

服従と聞くと何を思い浮かべるだろうか？　独裁国家？　奴隷？　ＳＭ？　イスラーム（イスラム教）？　独裁国家だと、国民は独裁者に歯向かうことを許されない。独裁者の命令は絶対で、それに素直に従うことが服従とされる。奴隷も同じだろう。主人への絶対的な服従を強いられる。そうすると、服従というのは、意に反して誰かに従うことを意味するかのようにも思える。

しかし、ＳＭの場合そうとも限らない。「この白豚め」といわれて、快感を得ているのだから。いや、むしろそういわれることを求めているのだ。つまり、この場合の服従は自発的なものだということができる。自発的な服従。これはいかにも撞着語法的（互いに矛盾する語の表現）に聞こえるが、決して不思議なことではない。たとえばイスラームだ。

イスラームには服従という意味がある。アラーの神は絶対だとされているので、その点ではイスラームに帰依するということは、神に服従することを意味するわけである。しかも彼らの場合、進んで信者になっている。

普通の感覚だと、自ら進んで服従するというのは考えられないことだが、全世界人口の五分の一近くもの人たちが、それを求めているのである。ここには、イスラームという宗教の魅力を超えて、もっと普遍的な理由があるように思うのだ。つまり、服従という概念自体に、人を惹きつける何かがあるように思えてならないのだ。

まず考えられるのは、大いなるものに身を寄せる安心感だろう。人間は弱い存在だ。だから何か大きな力に身を委ねることで、ようやく安心して生きていくことができる。ミシェル・ウエルベックのベストセラー小説『服従』（河出書房新社）は、フランスにイスラーム系の大統領が誕生し、国民がイスラームに改宗していくというショッキングかつリアルなストーリーだ。

人々は最初は躊躇しつつも、イスラームに改宗していく。つまり、進んで服従することを選ぶのだ。周囲がどんどん改宗していく中で、孤独を感じ、隣の芝生が青く見えてくる。これが人間心理というものだ。彼らが服従の代わりに手にするのは、心の平穏だといっていいだろう。

もう一つは、自我の高ぶりを抑圧することによって、心の平穏を得るという要素だ。これも最終的には心の平穏を得るのが目的だが、そこに至る動機が異なる。この場合は、肥大した自我に嫌気がさしている人が、他者から否定されることで、あくせくすることなく生きていけるというものだ。

自信過剰であったり、使命感に燃えて生きるのは、ときに自分を苦しめる。にもかかわらず、自分ではなかなか自己否定できないものなのだ。そんなとき、他者に服従せざるを得ない状況に陥ることで、強制的に自我を抑圧することができるというわけだ。


このように、大いなるものに頼る場合も、自我を抑圧する場合も、結局、人間は自分で自分自身を完全にコントロールできる存在ではないということが鍵を握る。問題はそれによって、個としての尊厳を犠牲にしているのではないかという部分だ。誰かに絶対的に従うという服従概念の性質上、それは不可避の要素だといえる。

心の平穏を求めつつも、どうしても僕が宗教に頼ることができない理由はそこにある。誤解しないでほしい。これは決してイスラーム批判などではない。服従を哲学しているだけだ。そのうえで、服従に対する僕の気持ちを述べている。僕にはその自由があるから。個としてのね。

そう、普段から僕は自分の個をできるだけ大切にしようとしている。だから誰にも服したくないのだ。それだと個が鎖につながれてしまうようなイメージになってしまう。独立した個は、もう鎖の輪の一つになってしまうのだ。

鎖でつながれて、その鎖の一部になって、心の平穏を得る。僕にはそれができない。いや、そんなネガティブなイメージでとらえている時点でもうダメなのだろう。おそらく哲学はそんな人のためにある。個として抗い続けたい人のために。

しかし、服従によって自己の尊厳を犠牲にする目的が、自己の生存であるという点に着目する必要があるように思われる。尊厳と生存は、人間にとっていずれも甲乙つけがたい重要な価値である。したがって、もし尊厳と生存が価値的に衝突する場合には、その優先順位は本人に委ねられるといっていいだろう。生きてこその尊厳であるはずだからだ。この生きづらい社会にあって、僕らはみんな、心のどこかで「この白豚め」といわれるのを待っているのだ。

47

自分に見えていないだけで恥ずかしい絵——恥

自分だけ気づいていないときがある。服を裏表逆に着ていた。チャックが開いていた。鼻毛が出ていた。歯に青のりがついていた……。実際どれも経験したことがある。後で気づいたときや、人から指摘されたとき、もう顔が真っ赤になってしまう。穴があったら入りたくなる。

そんなことなら、いっそ知らないほうがいいのだろうか？　知らぬが仏という。裸の王様も、「王様は裸だ」といわれるまでは満足だった。人生にはそんなことがたくさんあるのだ。知らずに過ごせば幸せだったことが。

でも、そんなわけにはいかないのだ。それなら赤ちゃんのまま生きたほうがいいということになる。赤ちゃんは何も知らないのだから。あの無邪気な笑顔はそこから来ている。ただ、それでは人生は面白くない。人生は知るから楽しいのだ。

自分の無知を知ったとき、一瞬は恥ずかしくて死にそうになるが、それはあくまで一瞬であって、すぐ平気になる。それ以上に、自分が新しいことを知ったことに価値があるのだ。恥は新しいことを知るための代金のようなものだ。授業料といったほうがいいかも。

どんどん恥をかいて、知を増やしていくべきだ。無知であることこそ恥ずかしいことなのだから。とはいえ、なかなか恥はかきたくないものだ。いくら効用があるといっても、みんな抵抗があるだろう。いったいどうすれば、気にせず恥がかけるのか？

そこで参考になるのがこの諺。旅の恥はかき捨て。普段なら恥ずかしくてできないことも、旅先ならできてしまう、やってしまうという意味だ。これはいい意味にも悪い意味にも使われる。悪い意味だと、旅だと思って無責任なことをするなという文脈で使われる。ここではいい意味にとらえたい。つまり、旅先なら誰も自分のことを知らないのだから、恥をかいても大丈夫、大胆に振る舞えということだ。

これを応用して、人生全体を旅ととらえればいいのだ。考えてみれば、人生は長い旅のようなものだ。出逢いもあれば別れもある。そうとらえれば、長い人生、別にここで恥をかいたところで、一生肩身の狭い思いをするということもないだろう。

そもそも、恥をかいて覚えたことは絶対忘れないものだ。みんなの前で間違えたとか、ずっと間違ったまま使ってたとか。恥とは、体に空いた穴のようなもので、そこを埋めても形が残るのだ。だから忘れない。古傷と共に、そのときのことを覚えているのと同じなのだ。そのことを体験的に知っているので、僕は積極的に恥をかくことにしている。名誉の負傷をするのだ。知のために。そしてその古傷を勲章にする。

世の中には、人に恥をかかせちゃいけないという風潮がある。恥が悪のようにとらえられているからだ。とすると、恥をかく機会が減ってしまう。これはもったいないことだ。大事なのは、恥をかかせないことではなくて、恥をかくことが過剰に人の尊厳を傷つける結果にならないようにすることではないだろうか。

恥をかかされたために、学校や職場に来なくなったり、もっと悪い結果を生むこともある。それは問題だ。せっかく恥のおかげで知を得られるのに、副作用のほうが大きすぎるからだ。だからこそなおさらいいたいのだ。恥をかくことは知のためにプラスになるという共通理解をもとうと。哲学の世界ではこれはスローガンですらある。ソクラテスが唱えた無知の知がそれだ。

彼はいった。知ったかぶりをするより、知らないといったほうが賢くなれると。現にソクラテスは哲学の父として、賢者の象徴になっている。二千数百年の歴史を誇るこの偉大な学問、哲学は、恥をかくことで生まれたのだ。

48

数学と哲学は顔の似てない双子のようなもの――数学

僕は哲学者だ。哲学が大好きだ。とはいえ、哲学に本格的に巡り合ったのは、三〇をすぎてからだ。じゃあそれまではどんな学問が好きだったのかと問われると、困ってしまう。別に特別好きだった学問があったわけではないからだ。

正直、勉強はそれほど好きではなかった。でも、受験勉強をしなければならなかったので、一応やってきただけだ。受験勉強は学問ではないし、楽しいものでもない。おそらく僕が勉強嫌いになったのも、そんなつまらない勉強を必死になってやったからだろう。おかげでいい大学には入れたが、ちっとも嬉しくなかった。なにしろ好きでもない学問をやらなければならなくなったのだから。

一応法学部を選んだが、法学がやりたかったわけではまったくない。数学が苦手で理科系がダメだったのと、文系の中では一番偏差値が高かったのと、就職の際潰しが効くといわれていたから選んだだけだった。案の定、大学での勉強は早々に放棄することになる。特にまじめに学問をやらなくても大学を卒業できた時代だ。そこから僕の遍歴ははじまる。

経歴的には紆余曲折を経て、日常生活の中では多くの読書を重ね、三〇をすぎてようやく哲学に興味をもった。もっと深く知りたいと思った。それで本格的にはじめることにした。論理的に考えるのは楽しかったし、抽象的な概念を扱うのも面白かった。ときにはパズルのような議論、それ自体を子どものように楽しんだ。

そうして哲学にはまり、哲学で博士号まで取り、職業として哲学をやることになった。今は大学で教えたり、本を書いたりしている。哲学の本を読みはじめてから数えると、哲学との付き合いは、約二〇年くらいになるだろうか。

そこで最近気づいたことがある。これは実は驚くべき発見だった。自分の子どもが小学校の高学年になると、割と難しい算数の問題の解き方を聞かれるようになった。そして中学生になると、数学の問題を聞かれるようにさえなった。あの苦手だった数学だ。

最初はかなり嫌々教えていたのだが、ふとあることに気づいたのだ。それは数学と哲学はそっくりだということだった。論理を駆使して、数字という抽象的概念を操作し、最終的に解答という名の本質を暴くところまでもっていく。とりわけ証明問題は哲学そのものだ。一見当たり前そうなことを、あえてクエスチョンマークで疑って、論証していくのだから。

このことに気づいてから、僕は数学が大好きになった。子どもから問題を聞かれると、嬉々として取り組む。しかも哲学をやるときのように、ユニークに考える。その結果、先生も驚くような別解を発見したりする。

イギリスの哲学者バートランド・ラッセルが数学の原理を書いたり、フランスの哲学者ジル・ドゥルーズが微分を扱ったりする気持ちがよくわかってきた。よく考えてみれば、昔の哲学者たちはみんな数学者でもあった。科学者でもあったのだが。そういう人たちは昔だからなんでもやっているだけだと思っていたが、数学に関しては少し違うのだろう。

数学はあくまで哲学と顔の似てない双子なのだ。だからどっちもやっているのだ。双方に役立つから。僕は今、哲学の思考に行き詰まると、数学の問題を解くようにしている。しかもできるだけ難問にチャレンジしている。これは頭の体操とかそんなレベルじゃない。ポアンカレ予想みたいに○○予想と呼ばれる難問を真剣に考えているのだ。愛とは何か、自由とは何かを考えるように。もちろん我流で、哲学的に。

哲学的に数学を解くというのは、ラッセルのような数理哲学のことをいっているのではない。僕の場合は、どちらかというと日本数学史上最も偉大な数学者、岡潔のいう「情緒」を使った解き方に興味がある。岡潔が「日本的情緒」という論考の中で、こんなふうにいっていた。「計算や論理は数学の本体ではないのである。この垢が取れていくと、こころは軽々ひろびろとなり、何ともしれずすがすがしくなる。まるで井の中の蛙が初めて地表とかいうものの上に出たときのような気持である」（『岡潔　数学を志す人に』平凡社、２０１５年）。

計算や論理が数学の本体じゃないなんて驚きだ。しかもそれを偉大な数学者がいっている。では何が本体なのか？　どうもそれが情緒のようなのだ。それなら僕にもできそうだ。

哲学にはノーベル賞はない。数学にもない。でも、数学にはそれに匹敵するフィールズ賞がある。これまでノーベル文学賞や平和賞をもらった哲学者はいた。でも、僕はフィールズ賞をもらう最初の哲学者になるかもしれない!?　しかも、若い頃数学が苦手で文系に進んだというおいしいエピソード付きのね。

49

形で表された文章——テクスト

文章とは何か？　そう、今あなたが読んでいるもの、これにほかならない。文の集まりのことだ。では、文とは何か？　たとえば、「私は文章を書きます」。これが文章だ。では、この文を分解してみる。「私は」と「文章を書きます」の二つに。さて、これで文は二つになったのだろうか？　後半の「文章を書きます」は文といえるが、前半の「私は」だけでは文とはいえないような気がする。「私は」というのは文の意味をできるだけ短く区切った場合の一つの単位で、文節と呼ばれるものだ。

こんどは、「文章を書きます」の部分をできるだけ細かく分解してみよう。すると、「文章」「を」「書き」「ます」の四つに分けることができる。これらは意味のある語の最小単位である単語になる。

つまり、文章というのは、単語が文節を構成し、文節が文を構成し、それが集まったもののことをいうわけだ。それは部分部分でも意味をもつが、全体として集められると、全体としての意味をもつことになる。

「私」という単語一つだと意味を確定するのは難しいが、「私は文章を書きます」という文になると、より意味が確定する。その意味で、文が文章という形でセットで提示されると、それは全体として意味をもつのだ。

あたかもそれは一曲の音楽のようなものだ。一つひとつの音がつながることでメロディーになり、全体として曲になる。言葉も文になることで、メロディーを奏でているのだ。「私は文章を書きます」という文もメロディーを奏でている。そういう視点で文章を読むと、一文一文が躍動しているように見えてくるから不思議だ。盛り上がるところがあったり、沈んだり、消えかかったりと。

同じ文字を使って同じ文法の枠で書かれた文なのに、一文一文個性があるのだ。おそらくその枠を取り除くと、どの文ももっと違った形を表すことだろう。まるで音楽が聞こえてくるようだ。

そんなふうに思っているのは僕だけだろうか？　いや、そんなことはないはずだ。フランスの思想家ロラン・バルトは、まさにこのことを論じている。いかなる作品も、言語で書かれているという制約がある以上、その影響から逃れられない。したがって、作者は作品を支配できず、読者に解釈を任せなければならないというのだ。

作者は作品を支配することは可能だが、その作者の支配から解放された文学が存在しうる。それがテクストにほかならない。作者の支配から逃れたテクストに関する限り、作者はもう関係ないのだ。これがバルトのいう「作者の死」である。

つまり僕らは文をどう解釈しようと自由なのだ。作者の意図とは別に、自由な音楽として再構成する。それは極めて普通のことであって、誰もが無意識のうちにやっていることなのだと思う。むしろ作者の意図など考えることのほうがまれだろう。だから国語の問題で、作者の意図を書きなさいなどといわれると、ハッとする。そんなものがあったのかと。

実は僕の本もよく問題に使われる。入試問題や模擬試験のだ。そしてときにその答えを見て苦笑してしまう。だって、僕自身考えたこともなかったことが答えになっているのだから。その意味では、作者の意図さえもすでにテクストになってしまっているわけだ。もはや作者は死んでいるどころか、消滅してしまっているといっていい。

そのおかげか、一度文章になったものを読み返すと、たとえそれがもともと自分の手によって書かれたものであっても、新たなテクストとしてよみがえる。僕は僕の文章をテクストとして楽しむことができるのだ。僕の死によって僕が楽しむ。なんとも複雑な気持ちだが、楽しいからそれでいいのだろう。きっと。

50 月月火水木金金――曜日

月月火水木金金。これは「ゲツゲツ、カースイ、モクキンキン」という感じで読むといいだろう。単なる平日のことではなくて、土日返上で働くという意味を表している。もともとは、大日本帝国海軍で用いられたものだという。

日露戦争の勝利の後、海軍は「勝って兜の緒を締めよ」を実践するかのごとく、休日返上で訓練を続けていた。そのとき、当時の海軍のある幹部が、「これでは、まるで月月火水木金金じゃないか」といったのが、広がったといわれている。

その後続いた戦争中には、これが勤勉の象徴のようにもてはやされ、転じて土日返上で働くことを表す慣用句になったというわけだ。最近はあまり耳にしないが、おそらく時短こそが望ましいと考えられるようになったからだろう。月月火水木金金どころか、週三日勤務というようなところも出てきているし、テクノロジーのおかげで在宅勤務も増えている。月曜の朝から金曜の夕方まできっちり働くのが当たり前ではなくなってきているのだ。

毎日が土日のような人もいるので、その場合は、「土土日日土日日（ドードー、ニチニチ、ドーニチニチ）」とか「土土日日土土土（ドードー、ニチニチ、ドードードー）」みたいな感じになるのだろうか。

実は、僕は曜日という概念が大嫌いだ。これこそ人間を機械の歯車のようにシステムに組み込む装置の最たるものだと思う。キリスト教はこれをうまく使って、日曜を安息日にして、それまでは勤勉を心がけるよう人々を説き伏せた。社会学者のマックス・ウェーバーは、『プロテスタンティズムの倫理と資本主義の精神』（岩波書店、１９８９年）の中で、キリスト教が発展した西洋社会で資本主義が発展したのはそうした理由からだと説いた。

曜日という概念があるせいで、日曜の夕方に憂鬱になる「サザエさん症候群」や月曜に自殺が多いブルーマンデーのようなものを生んでしまっている。それなら、曜日などという制度をなくせばいいのではないだろうか。もっというと、カレンダーさえいらない。月末や年度末がどれほど人を苦しめているか。誰も文句をいわないのが不思議でしょうがない。

人間はそんなに規則正しくできていないはずだ。繰り返すが、人間は断じて機械ではない。

もっと複雑で、繊細な生き物なのだ。ただでさえまじめな日本人に、曜日による規制はむしろ有害ですらあるだろう。そのせいで多くのうつ病患者や自殺者を生んでしまっているといっても過言ではない。

極端？　僕は今ようやくニーチェの気持ちがわかった。ニーチェは極端なことをいって、世間を驚かせたが、きっとこんな気持ちだったのだと思う。彼は一人叫んだ。「道徳なんて偽善だ、なぜみんなそのことに気がつかないんだ！」と。

そうしてニーチェは超人思想を唱えたが、あれは単に弱い自分を乗り超えていく人という意味ではなく、既存の制度にとらわれない、それをも超えていく人を意味していたはずだ。だから曜日も超人思想で超えられるのではないだろうか。

そういえばニーチェの超人思想は、同じ苦しみの繰り返しである永遠回帰を克服しなければならないとも説いていた。曜日はまさに、月曜から日曜までのサイクルを永遠に繰り返す永遠回帰そのものだ。とするならば、ニーチェが永遠回帰を克服しようとした方法に倣えばいい。

ニーチェはいった。「よし、もう一度」と。つまり、一つ山を越えても、また次の山が襲い掛かってくる。そのときその山に負けないようにするには、不屈の精神で立ち向かうしかないのだ。ただ、僕はここを少しアレンジしたい。だって、不屈の精神で立ち向かうって、しんどそうだから。僕の戦略は気にしないというものだ。繰り返しのサイクルに乗っからなければ、苦しまなくて済む。

現実的には、なかなかそうもいかないのは百も承知だ。でも、少なくとも曜日を当然視しない気持ちをもてれば、心が楽になるように思う。僕も実践している。曜日を気にせず、毎日を楽しく生きるのだ。「今日は月曜。みなさん、金曜まで頑張りましょう！」なんていう上司がいたら、「ふん」と鼻であしらっておけばいい。

こんなアドバイスは過激に聞こえるかもしれない。でも、僕は偽善でいいことをいうより、一人の命でも救うほうを選びたい。ニーチェの過激な言葉に救われた人が、この世界にたくさんいるように。

おわりに――実験から実践へ

哲学思考の実験を終えて、私自身もなんだかパワーアップしたような気がします。実験というのは、実験そのものが目的ではなくて、それを実践するためにやっているわけです。したがって、実験によっていろいろなことがわかったり、ノウハウが身に付いたりしていないと意味がありません。

私も今回、哲学思考の実験をデモンストレーションした結果、自分自身の思考が広がりましたし、思考のノウハウも高めることができたと感じています。今度はその結果を実践する番です。みなさんも、まずは自分で哲学思考の実験をしていただいて、その次にぜひ実践をしていただければと思います。

実践するというのは、実際に仕事や勉強の場で、そうした哲学思考をやってみるということです。日ごろの実験の成果を生かし、実践してみる。きっと周囲の人は驚くに違いありません。「え、なんでそんなに深く考えられるようになったんだ?」とか、「なんでそんなに面白い発想ができるんだ？」と。

私自身、たくさん本を書いたり、様々なメディアで発言をしていますが、これこそ哲学思考の実践なのです。そしてどうしてこんなにアウトプットできるかというと、それは常に頭の中の実験室で実験しているからです。こういう習慣をつけることが大事だと思います。いわば思考グセです。

さて、本書の執筆に当たっては、多くの方に大変お世話になりました。とりわけ企画の趣旨に賛同していただき、私の自由すぎる思考を許していただいた教育評論社には、この場をお借りしてお礼を申し上げたいと思います。「テツガ〈ク〉ラブ」という哲学Ｌａｂで、一緒に「実験」をしてくれた学生のみんなもありがとう！

最後に、本書をお読みいただいたすべての方に改めて感謝を申し上げます。

二〇一七年夏

〈写真提供〉

・12ページ
ルネ・マグリット「複製禁止」（イメージナビ）
(Not to be Reprodused, 1937 by Rene Magritte, Hamburg Kunsthalle art museum, Hamburg, Germany.)

・84ページ
ラファエロ「アテナイの学堂」（Nori / PIXTA）

●著者略歴

小川仁志（おがわ ひとし）

哲学者。山口大学国際総合科学部准教授。
1970年、京都府生まれ。京都大学法学部卒、名古屋市立大学大学院博士後期課程修了。博士（人間文化）。徳山工業高等専門学校准教授、米プリンストン大学客員研究員などを歴任。商社マン、フリーター、公務員を経た異色の哲学者。商店街で「哲学カフェ」を主宰するなど、市民のための哲学を実践している。専門は欧米の政治哲学及び公共哲学。主な著書に『7日間で突然頭がよくなる本』『すっきりわかる！超訳「哲学用語」事典』（以上、PHP研究所）、『絶対幸せになれるたった10の条件』『思考力を鍛える50の哲学問題』『自分の子どもを天才にして成功させる本』『7日間で武士道がわかる不思議な授業』（以上、教育評論社）など多数。

小川仁志の〈哲学思考〉実験室

2017年10月17日 初版第1刷発行

著 者 小川仁志
発行者 阿部黄瀬
発行所 株式会社 教育評論社
〒103-0001
東京都中央区日本橋小伝馬町1-5 PMO 日本橋江戸通
Tel. 03-3664-5851
Fax. 03-3664-5816
http://www.kyohyo.co.jp
印刷製本 萩原印刷株式会社

定価はカバーに表示してあります。
落丁本・乱丁本はお取り替え致します。

ISBN 978-4-86624-011-4